Hinter dem Sachregister befindet sich ein ausführliches Verzeichnis der

Guttentagschen Sammlung

Deutscher Reichs- und Preußischer Gesetze

— Textausgaben mit Anmerkungen; Taschenformat —

die alle wichtigeren Gesetze in unbedingt zuverlässigem Abdruck und mit mustergültiger Erläuterung wiedergibt.

Guttentagsche Sammlung
Nr. 113. Deutscher Reichsgesetze. Nr. 113
Textausgaben mit Anmerkungen.

Das Postscheckgesetz

vom 26. März 1914.

Textausgabe
mit Einleitung, Anmerkungen und Sachregister

von

J. Weiland,
Ober-Postinspektor im Reichs-Postamt.

Berlin 1914.
J. Guttentag, Verlagsbuchhandlung,
G. m. b. H.

Inhaltsverzeichnis.

Abkürzungen.

BGB. = Bürgerliches Gesetzbuch.
GewO. = Gewerbeordnung für das Deutsche Reich.
HGB. = Handelsgesetzbuch.
OPD. = Ober-Postdirektion oder Ober-Postdirektionen.
OPD.-Bezirke = Ober-Postdirektionsbezirke.
PSchA. = Postscheckamt.
PSchÄ. = Postscheckämter.
PSchG. = Postscheckgesetz.
PSchO. = Postscheckordnung.
RGBl. = Reichsgesetzblatt.
WO. = Wechselordnung.
ZPO. = Zivilprozeßordnung.

Benutzte Quellen.

Aschenborn. Das Gesetz über das Postwesen des Deutschen Reichs vom 28. Oktober 1871.
Aschenborn. Der Post-Überweisungs- und Scheckverkehr. Vortrag, gehalten auf Einladung der Ältesten der Kaufmannschaft von Berlin am 3. Dezember 1908.
Begründung zum Entwurf eines Postscheckgesetzes.
Begründung zum Entwurf eines Scheckgesetzes.
BGB. Kommentar von Reichsgerichtsräten.
Lessing, Scheckgesetz.

Einleitung.

Die Entwickelung des Wirtschaftslebens in den letzten Jahrzehnten, der weltumspannende Handel hat zu einer anderweitigen Regelung des Zahlungswesens gedrängt. Das Metallgeld und die Banknoten waren zur Befriedigung der Ansprüche nicht mehr ausreichend, so daß sich die Notwendigkeit ergab, für die baren Umlaufsmittel Ersatz zu schaffen. Die auf allen Gebieten des wirtschaftlichen Lebens mehr und mehr hervortretende Arbeitsteilung führte zur Übertragung der Zahlungsgeschäfte an Personen, die sich gewerbsmäßig mit der Annahme von Geld und der Leistung von Zahlungen für fremde Rechnung befaßten.

Für die Vermittelung von Zahlungen unter Ersparung von Barmitteln hat der moderne Verkehr zwei Arten, nämlich den Überweisungs- oder Giroverkehr und den Scheckverkehr, ausgebildet.

Beim Überweisungsverkehr vollzieht sich die Ausgleichung der Zahlungsverbindlichkeiten durch einfaches buchmäßiges Umschreiben dergestalt, daß ein Betrag vom Konto des Zahlungspflichtigen abgebucht und dem Konto des Zahlungsempfängers gutgeschrieben wird.

Das Verfahren kann aber nur dann angewandt werden, wenn sowohl der Zahlende als auch der Zahlungsempfänger ein Konto bei einer gemeinsamen Bank oder bei Banken haben, die untereinander im Überweisungsverkehr stehen.

In den Fällen, in denen nur der Zahlungspflichtige, nicht aber der Zahlungsempfänger ein Bankkonto hat, greift der Scheckverkehr Platz.

Der Scheck ist eine bei Sicht zahlbare Anweisung auf ein Guthaben, das der Aussteller bei einem berufsmäßigen Dritten (Bankgeschäft usw.) hat.

Die wirtschaftlichen Vorteile des Überweisungs- und Scheckverfahrens sind für die Allgemeinheit wie für den einzelnen bedeutend. Der Inhaber eines Scheckkontos behält nur die für den Kleinverkehr erforderlichen Gelder zu Hause und übergibt die größeren Bestände seiner Bank. Er wird auf diese Weise nicht den Gefahren ausgesetzt, die mit der Aufbewahrung von Geldbeträgen verbunden sind, wie Unterschlagung, Diebstahl, Feuersgefahr, ist der Mühe des Zählens, der Verpackung und Versendung des Geldes und der damit verbundenen Irrtümer enthoben und spart erheblich an Zeit und auch an Personal. Dadurch, daß die Gelder nicht mehr in den vielen Tausenden der Privatkassen brach und zerstreut umherliegen, können sie für die nationale Volkswirtschaft nutzbar gemacht werden. Sie vermehren die flüssigen Zahlungsmittel, von deren reichlichem Vorhandensein das Gedeihen von Handel, Industrie, Gewerbe und Landwirtschaft abhängig ist. Eine Million in den Händen des Bankiers ist, wie der englische volkswirtschaftliche Schriftsteller Bagehot zutreffend ausführt, eine große Macht, er kann sie sofort beliebig verleihen, und Leute, die Geld gebrauchen, können ohne weiteres zu ihm gehen. Aber dieselbe Summe ist, wenn zehn- oder fünfzigfach durch die ganze Nation zerstreut, überhaupt keine Macht, und niemand weiß, wie er sie finden und wen er darum angehen kann.

Zur Vollendung gelangt die ganze Einrichtung, wenn die ersten Bankhäuser großer Handelsplätze sich zu „Abrechnungstellen" (Clearing-Häusern) vereinigen, in denen sie zu verabredeten Zeiten zusammenkommen, die für einander vorliegenden Schecks und andere Zahlungspapiere austauschen und den nach Gegenüberstellung der Schuld und Forderung verbleibenden Restbetrag statt durch Barzahlung durch Zu- oder Abschreibung auf den Konten bei einer gemeinsamen Bank begleichen.

In Deutschland hat sich die Reichsbank in Erfüllung ihrer gesetzlichen Aufgabe, den Geldumlauf im gesamten Reichsgebiete zu regeln, die Zahlungsausgleichungen zu erleichtern und für die Nutzbarmachung verfügbaren Kapitals zu sorgen (Bankgesetz vom 14. März 1875 § 12 RGBl. S. 177), um die Förderung des Überweisungs- und Scheckverkehrs große Verdienste erworben. Der einen umfassenden Scheckverkehr einschließende Reichsbankgiroverkehr hat von Jahr zu Jahr an Ausdehnung zugenommen. So uneingeschränkte Anerkennung in dieser Hinsicht der Reichsbank zu zollen ist, blieb doch immer zu berücksichtigen, daß sich an der Einrichtung nur das Großkapital, die bedeutenderen Bank- und Geschäftshäuser sowie die Großbetriebe, beteiligen konnten, weil das nicht angreifbare Guthaben eine beträchtliche Höhe (mindestens 1000 M) aufweisen muß. Der an der Erzeugung und dem Austausche der Güterwerte lebhaft beteiligte Mittelstand, die mittleren und kleineren Geschäftsleute, Landwirte und Handwerker konnten den Giroverkehr der Reichsbank nicht benutzen und blieben mit ihren Zahlungen auf die Versendung mit Postanweisung oder Wertbrief durch die Post beschränkt.

Geschichte des deutschen Postscheckverkehrs.

Die Tatsache, daß der Zahlungsverkehr in Deutschland nicht der Entwicklungstufe entsprach, die Handel, Industrie, Gewerbe und Landwirtschaft erreicht hatten, und daß sich namentlich der gewerbliche Mittelstand nicht wie im wirtschaftlichen Leben

Englands und Nordamerikas des Schecks als des Mittels bediente, das geeignet war, den Geldverkehr zu veredeln, veranlaßte im Jahre 1898 die deutsche Reichsregierung, auf die Abstellung der Mängel hinzuarbeiten. Als ein solches Mittel war das Postscheckverfahren anzusehen. Wenn die deutsche Reichspostverwaltung die Pflege dieses Verkehrs übernahm, blieb sie ihrer Aufgabe, dem Zahlungsverkehr zu dienen, getreu. Ihr Bestreben konnte nur dahin gehen, diesen Zahlungsverkehr den wirtschaftlichen Verhältnissen entsprechend in der Richtung auszubilden, daß mit möglichst wenig Barmitteln möglichst viel Zahlungen geleistet werden konnten und dem Publikum ein einfaches und bequemes Mittel gegeben wurde, um seine Zahlungen zu begleichen. Kein anderes Unternehmen war so geeignet, den Scheckverkehr zu fördern, wie die Reichspostverwaltung, die allgemein ein weitgehendes Vertrauen genießt, mit ihren Postanstalten im täglichen Verkehr mit dem Publikum steht und mit ihren Einrichtungen in alle, auch in die kleinsten Gegenden des Landes hineinragt. Daß die Post in der Lage war, einen solchen Verkehr auszubilden, bewiesen die Erfolge, die Österreich mit der Einführung des Post-Scheck- und Überweisungsverfahrens erzielt hatte.

Die Einbringung einer Vorlage beim Reichstage über die Einführung des Postscheckverkehrs wurde in der Thronrede vom 6. Dezember 1898 mit folgender Begründung verkündet:

> „Um den breiten Schichten der Mittelklassen, die kein Girokonto bei der Reichsbank haben, einen billigen und bequemeren Weg für die Ausgleichung kleinerer Zahlungen zu schaffen, wird beabsichtigt, ein Scheck- und Ausgleichungsverfahren durch Vermittelung der Postanstalten einzurichten."

Die Vorlage gelangte im Dezember 1899 als Anlage XIV a des Entwurfs eines Gesetzes, betreffend die Feststellung des Reichshaushaltsetats für das Rechnungsjahr 1900, nebst einer Denkschrift an den Reichstag. Bei der Beratung wurde zwar anerkannt, daß der Zahlungsverkehr in Deutschland der Verbesserung bedürftig sei und daß die Einführung des Postscheckverfahrens ein geeignetes Mittel biete, die Vorteile des Scheckverkehrs dem Mittelstande zugänglich zu machen; auf der anderen Seite aber wurden gegen die Art, in welcher das Postscheckverfahren nach der Bundesratsvorlage ausgestaltet werden sollte, Bedenken erhoben. Da die Guthaben der Kontoinhaber mit 1,2 v. H. jährlich verzinst werden sollten, bestand im Reichstage die Befürchtung, daß der Postscheckverkehr sowohl den Sparkassen als auch den genossenschaftlichen Spar- und Kreditanstalten einen empfindlichen Wettbewerb bereiten werde und die Einrichtung sich später zu einer Postsparkasse erweitern könne. Der Reichstag hielt es deshalb für angezeigt, daß die Guthaben nicht verzinst würden. Mit dem Wegfalle der Verzinsung erachtete er es für richtig, daß im Postscheckverkehr Gebührenfreiheit eintrat. Um einer zu weit gehenden Ausnutzung der Gebührenfreiheit durch einzelne Kontoinhaber vorzubeugen, erschien es ausreichend, dem Reichskanzler das Recht vorzubehalten, von den Kontoinhabern, deren Kontoverkehr jährlich mehr als 500 Buchungen erheischt, eine dem Maße der Benutzung des Scheckverkehrs entsprechende Erhöhung der Stammeinlage von 100 M in Anspruch zu nehmen. Ferner wurde eine Vereinfachung des Verfahrens nach mehreren Richtungen für erforderlich erachtet. Auch erschien die Zinsvergütung mit 1,2 v. H. jährlich, zu der sich die Reichsbank für die an sie aus dem Postscheckverkehr abzuführenden verfügbaren Gelder bereit erklärt hatte, nicht genügend.

Der Reichstag machte deshalb im § 6 des Gesetzes, betreffend die Feststellung des Reichshaushaltsetats für das Rechnungsjahr 1900, vom 30. März 1900 (RGBl. S. 139), seine Zustimmung zur Einführung des Postscheckverfahrens im Reichspostgebiete von folgenden Bedingungen abhängig:

„Der Reichskanzler wird ermächtigt, den Postscheckverkehr einzuführen. Die für die Benutzung des Verkehrs zu beachtenden Vorschriften werden durch eine vom Reichskanzler zu erlassende Verordnung unter Beachtung der nachstehenden Bedingungen getroffen:

1. Eine Verzinsung der auf den Konten gebuchten Einlagen darf nicht stattfinden.
2. Für die Einzahlungen und Rückzahlungen im Scheckverkehr werden Gebühren nicht erhoben. Jedoch bleibt dem Reichskanzler vorbehalten, von den Kontoinhabern, deren Kontoverkehr jährlich mehr als 500 Buchungen erheischt, eine dem Maße der Inanspruchnahme des Scheckverkehrs entsprechende Erhöhung der Stammeinlage von 100 M in Anspruch zu nehmen. Die Festsetzung erhöhter Stammeinlagen hat den beteiligten Kontoinhabern gegenüber nach einheitlichen Grundsätzen zu erfolgen.
3. Zu den Einzahlungen im Postscheckverkehr bedarf es mit dem Namen der Kontoinhaber und der Kontonummer bedruckter Zahlkarten nicht. Einzelne Formulare zu Einzahlungen werden am Schalter der Postanstalten an das Publikum unentgeltlich abgegeben. Wünscht ein Kontoinhaber auf dem Formulare den Vordruck seines Namens und seiner Kontonummer, so können die Selbstkosten vom Postscheckamt in Rechnung gestellt werden.

4. Beantragt ein Kontoinhaber, daß die für ihn eingehenden Postanweisungen seinem Scheckkonto gutgeschrieben werden, so hat das Postamt nicht zu verlangen, daß er zum Zwecke der Überweisung der Geldbeträge an das Scheckamt die auf sein Konto lautenden Zahlkarten liefere.
5. Für die Abhebungen vom Scheckkonto ist ein einheitliches Formular, lautend „an N. in N. oder Überbringer", vorzuschreiben. Der Preis der Scheckhefte mit 50 Blättern ist auf höchstens 50 Pf. festzusetzen.
6. Das aus dem Scheckverkehr sich ergebende Saldo ist, soweit nicht aus ihm die Kassenmittel zur Durchführung des Scheckverkehrs zu verstärken sind, an die Reichsbank gegen tägliche Kündigung abzuführen. In dem Abkommen mit der Reichsbank ist zur Bedingung zu machen, daß das Kapital von ihr mit drei Prozent unter ihrem jedesmaligen Wechseldiskont, mindestens jedoch mit eineinhalb Prozent und höchstens mit drei Prozent, verzinst wird, ferner, daß die Verzinsung mit dem auf die Einzahlung folgenden Werktage beginnt und mit dem Tage vor der Abhebung wieder aufhört.

   Bei der zinsbaren Anlegung der Kapitalien hat die Reichsbank die für ihren Geschäftsverkehr allgemein geltenden Vorschriften innezuhalten.
7. Das Postscheckwesen ist spätestens bis zum 1. April 1905 auf dem Wege der Gesetzgebung zu regeln."

Das Postscheckverfahren auf dieser vom Reichstage gewünschten Grundlage im Reichspostgebiet einzuführen, mußte erheblichen Bedenken unterliegen. Es mußte, worauf bereits bei Beratung der Vorlage im Reichstage die Vertreter der verbündeten Regierungen hingewiesen hatten (u. a. auch in der Sitzung des Reichstags vom 28. März 1900, Stenogr. Berichte 10. Legisl.-Per., I. Session 1898/1900, S. 5045), befürchtet werden, daß bei dieser Ausgestaltung des Verfahrens eine große Zahl der Kontoinhaber die völlig gebührenfreie Übermittelung von Zahlungen in einer Weise ausnutzen würde, daß der Reichspostverwaltung dadurch eine außerordentliche Arbeitslast erwachsen wäre, da die Reichspostverwaltung im Gegensatze zu den Bankanstalten nicht in der Lage wäre, sich gegen eine übermäßige Ausnutzung des Kontos — solange die Zahl der jährlichen Buchungen nicht mehr als 500 beträgt — zu schützen. Abgesehen von diesem Bedenken würde im Postscheckverfahren bei gebührenfreier Übermittelung jeder Barzahlung sich voraussichtlich gerade der Barzahlungsverkehr besonders entwickelt haben, während der Scheckverkehr sein vornehmstes Ziel darin finden muß, den Zahlungsverkehr dadurch zu veredeln, daß in tunlichst weitem Umfang an die Stelle des Barzahlungsverkehrs der Überweisungsverkehr tritt.

Die Reichsregierung machte deshalb von der Ermächtigung, den Postscheckverkehr einzuführen, keinen Gebrauch. Auch die Königlich Bayerische und die Königlich Württembergische Postverwaltung, die das Postscheckverfahren in Bayern und in Württemberg auf gleicher Grundlage wie im Reichspostgebiet einzurichten beabsichtigten, sahen von der Einführung ab.

In der Folgezeit wurden sowohl in der Presse als auch in den Kreisen von Handel, Industrie und Gewerbe wiederholt Wünsche nach Einführung des Postscheckverkehrs geäußert. Namentlich die schwierige Lage, in welcher sich der Geldmarkt im Jahre 1907 befand, führte zu der Erkenntnis, daß es notwendig sei, durch einen Post-Überweisungs- und Scheckverkehr die besseren Zahlungsgewohnheiten dem deutschen Volke zugänglich zu machen. Diesen Wünschen trug die Reichsregierung Rechnung, indem sie unterm 5. März 1908 eine die Einführung des Post-Überweisungs- und Scheckverkehrs betreffende „Ergänzung zum Entwurfe des Reichshaushaltsetats für das Rechnungsjahr 1908" dem Reichstage zur verfassungsmäßigen Beschlußnahme vorlegte (Reichstagsdrucksache Nr. 747). Der Reichstag nahm die Vorlage in der dritten Lesung am 7. Mai 1908 mit großer Mehrheit an. Das Gesetz wurde am 18. Mai 1908 vollzogen und im RGBl. Nr. 25 vom 23. Mai 1908, S. 197, veröffentlicht. Es lautete:

Gesetz, betreffend die Feststellung eines zweiten Nachtrags zum Reichshaushaltsetat für das Rechnungsjahr 1908. Vom 18. Mai 1908.

Wir Wilhelm, von Gottes Gnaden deutscher Kaiser, König von Preußen usw., verordnen im Namen des Reichs, nach erfolgter Zustimmung des Bundesrats und des Reichstags, was folgt:

§ 1.

Der diesem Gesetz als Anlage beigefügte Nachtrag zum Reichshaushaltsetat für das Rechnungsjahr 1908 tritt dem Reichshaushaltsetat für das Rechnungsjahr 1908 hinzu.

§ 2.

Der Reichskanzler wird ermächtigt, den Post-Überweisungs- und Scheckverkehr einzuführen. Die Bestimmungen über die Benutzung des Verkehrs werden durch eine vom Reichskanzler zu erlassende Verordnung getroffen. Die Verordnung ist dem Reichstage zur Kenntnisnahme vorzulegen.

Die grundsätzlichen Vorschriften über den Post-Überweisungs- und Scheckverkehr sind bis zum 1. April 1912 auf dem Wege der Gesetzgebung zu regeln.

Urkundlich unter Unserer Höchsteigenhändigen Unterschrift und beigedrucktem Kaiserlichen Insiegel.

Gegeben Wiesbaden, den 18. Mai 1908.

(L. S.) Wilhelm.

Fürst von Bülow.

Auf Grund des § 2 dieses Gesetzes erließ der Reichskanzler unterm 6. November 1908 eine Postscheckordnung für das Reichspostgebiet (RGBl. Nr. 54 vom 17. November 1908, S. 587ff.), die am 21. November 1908 dem Reichstage zur Kenntnis vorgelegt wurde (Reichstagsdrucksache Nr. 1045) und am 1. Januar 1909 in Kraft trat.

Zur Durchführung des Postscheckverfahrens sind in Berlin, Breslau, Cöln, Danzig, Frankfurt (Main), Hamburg, Hannover, Karlsruhe (Baden) und Leipzig PSchA. eingerichtet, bei denen die Konten der Teilnehmer geführt werden. Außer diesen neun PSchA. sind auch die Postanstalten am Postscheckverkehr insoweit beteiligt, als sie vom Publikum bare Einzahlungen, die einem Postscheckkonto zugeführt werden sollen, entgegennehmen und auf Anweisung der PSchA. die Beträge der von den Kontoinhabern ausgestellten Schecks auszahlen.

Zu demselben Zeitpunkt und nach den gleichen Grundsätzen wie im Reichspostgebiet wurde in Bayern und in Württemberg — ebenfalls im Wege der Verordnung*) —

---

*) Beide PSchO. wurden am 17. November 1908 erlassen; die PSchO. für das Königreich Bayern wurde im Gesetz- und Verordnungsblatt für das Königreich Bayern Nr. 73 vom 21. November 1908, S. 981ff., die PSchO. für das Königreich Württemberg im Regierungsblatt für das Königreich Württemberg Nr. 23 vom 25. November 1908, S. 265ff., veröffentlicht.

der Post-Überweisungs- und Scheckverkehr eingeführt. Die Königlich Bayerische Postverwaltung hat PSchA. in Ludwigshafen (Rhein), München und Nürnberg, die Königlich Württembergische Postverwaltung ein PSchA. in Stuttgart errichtet, so daß die Zahl der PSchA. im Deutschen Reiche 13 beträgt. Durch ein zwischen den drei deutschen Postverwaltungen geschlossenes Übereinkommen wurde sichergestellt, daß im Verkehr mit dem Publikum das Deutsche Reich ein einheitliches Postgebiet darstellt.

Der Postscheckverkehr hat sich seit seinem Bestehen sehr günstig entwickelt. Die Zahl der Postscheckkonten belief sich im Deutschen Reiche Ende 1909 auf 43929, Ende 1910 auf 60023, Ende 1911 auf 74726, Ende 1912 auf 89380 und Ende 1913 auf 102511, das Guthaben der Kontoinhaber zu den gleichen Zeitpunkten auf 76, 111, 162, 180 und 198 Millionen Mark. Der Umsatz betrug:

1909	bei	28,6	Millionen	Buchungen	11,8	Milliarden Mark
1910	„	64,9	„	„	21,8	„ „
1911	„	96,0	„	„	29,5	„ „
1912	„	119,4	„	„	35,5	„ „
1913	„	141,6	„	„	41,6	„ „

Ohne Bewegung von Barmitteln wurden beglichen

1909	5,8	Milliarden Mark	= 49,2	v. H. des Umsatzes
1910	11,4	„ „	= 52,3	„ „ „ „
1911	15,9	„ „	= 53,8	„ „ „ „
1912	19,8	„ „	= 55,7	„ „ „ „
1913	23,8	„ „	= 57,1	„ „ „ „

Seit der Einführung des Postscheckverkehrs wurde eine Reihe wesentlicher Verbesserungen und Erleichterungen getroffen, wie die Erteilung von Aufträgen zur Barzahlung an mehrere Empfänger mit einem Scheck (Sammelscheck), die

Überweisung der durch Postauftrag oder Nachnahme eingezogenen Beträge mit Zahlkarte auf das Postscheckkonto, die Begleichung der Steuern (S. 52), der Beiträge für die Krankenversicherung (S. 54), der gestundeten Eisenbahnfrachten (S. 55), der Unfallentschädigungen und Invalidenbezüge (S. 56), der Zahlungen an Postkassen (S. 57) im Postscheckverkehr, die Benutzung des Postscheckverfahrens zur Begründung von Reichs- und Staatsschuldbuchforderungen (S. 63) und zur Entrichtung der Beiträge für die Angestelltenversicherung (S. 67). Große Aufmerksamkeit ist der Verbindung des Postscheckverkehrs mit dem Reichsbankgiroverkehr zugewandt werden. Namentlich durch den Beitritt der PSchA. zu den Abrechnungstellen der Reichsbank wurde der bargeldlose Zahlungsverkehr sehr gefördert. Näheres s. S. 69ff.

Angesichts des großen Aufschwungs, den das Postscheckverfahren von Anfang an nahm, konnten die drei deutschen Postverwaltungen schon kurze Zeit nach der Eröffnung des Verkehrs dazu übergehen, internationale Beziehungen anzubahnen. Zu dem Zwecke fand im Oktober 1909 in Berlin eine Zusammenkunft der Vertreter von Ländern mit Postscheckeinrichtung statt, die von Erfolg begleitet war und zur Einrichtung eines internationalen Postgiroverkehrs zwischen Deutschland, Österreich, Ungarn und der Schweiz am 1. Februar 1910 führte. Am 1. November 1910 trat ein gleichartiger Verkehr zwischen Deutschland und Belgien, am 1. Januar 1912 ein solcher zwischen Deutschland und Luxemburg in Wirksamkeit.

In der Richtung nach Belgien konnten zunächst Überweisungen nur für solche Personen in Auftrag gegeben werden, die ein Konto bei der Belgischen Nationalbank in Brüssel unterhielten; seit dem 16. April 1913, dem Tage der Einführung des Postscheckverkehrs in Belgien, wurde ein Überweisungsdienst zwischen Inhabern von Postscheckkonten in Deutschland und in Belgien eingerichtet.

Durch die Einrichtung des internationalen Postgiroverkehrs ist rund 250000 Inhabern von Konten in Deutschland, Österreich, Ungarn, der Schweiz, Belgien und Luxemburg Gelegenheit gegeben, ihre gegenseitigen Zahlungen auf bequeme und billige Weise durch Überweisung von einem Konto auf ein anderes auszugleichen. Wegen des internationalen Postgiroverkehrs s. S. 84.

Um die Wünsche der am Postscheckverkehr beteiligten Kreise und die außerhalb der Postverwaltung gemachten Erfahrungen zu erörtern und für die gesetzliche Regelung nutzbar zu machen, fand im Reichs-Postamt Ende 1911 eine Beratung mit Vertretern von Handel, Industrie, Gewerbe und Landwirtschaft aus allen Teilen des Deutschen Reiches statt. Auf Grund der hierbei gewonnenen Unterlagen, der sonstigen Erfahrungen und des finanziellen Ergebnisses des Postscheckverkehrs in den Jahren 1909 bis 1911 wurde der Entwurf eines Postscheckgesetzes ausgearbeitet und dem Reichstag am 6. November 1912 vorgelegt (Reichstagsdrucksache Nr. 539). Der Reichstag überwies den Gesetzentwurf nach der ersten Lesung am 30. November 1912 der Kommission für den Reichshaushalt zur weiteren Beratung, die sich damit am 5. Dezember 1912 befaßte.

Bei der zweiten Lesung am 6. März 1914 beschloß der Reichstag einige Änderungen gegenüber der Regierungsvorlage wie Festsetzung der Stammeinlage von 50 M, die im Verordnungswege geregelt werden sollte, im Gesetz (§ 2), anderweitige Festsetzung der Gebühren für Einzahlungen mit Zahlkarte (§ 5 Ziff. 1), Anwendung der Gebühr im Ortsverkehr für die Briefe der Kontoinhaber an die PSchA. bei Benutzung besonderer Briefumschläge (§ 6), Freigabe der Herstellung der Zahlkarten und der Briefumschläge (§ 6) an die Privatindustrie (§ 10 Ziff. 2). Bei der dritten Lesung am 12. März 1914 wurde der Gesetzentwurf nach den Beschlüssen bei der zweiten Lesung unverändert angenommen und als Zeitpunkt des Inkrafttretens des Gesetzes der 1. Juli 1914 beschlossen.

Nachdem der Bundesrat am 19. März den Beschlüssen des Reichstags zugestimmt hatte, wurde der Gesetzentwurf am 26. März 1914 vom Kaiser vollzogen und das Gesetz im RGBl. Nr. 18 vom 4. April 1914, S. 85, verkündet.

Postscheckgesetz.

Vom 26. März 1914.

(RGBl. S. 85.)

Wir Wilhelm, von Gottes Gnaden Deutscher Kaiser, König von Preußen usw. verordnen im Namen des Reichs, nach erfolgter Zustimmung des Bundesrats und des Reichstags, was folgt:

§ 1.

Voraussetzungen der Kontoeröffnung.

Zum Postscheckverkehr werden die natürlichen und juristischen Personen, die Handelsgesellschaften, Vereinigungen und Anstalten, auch soweit sie nicht juristische Personen sind, sowie die öffentlichen Behörden durch Eröffnung eines Kontos bei einem Postscheckamt zugelassen.

Zu § 1.

Der § 1 regelt die Voraussetzungen der Kontoeröffnung. Jedermann, jede natürliche und juristische Person ist berechtigt, sich ein Konto bei einem PSchA. eröffnen zu lassen.

Zu den natürlichen Personen gehört insbesondere auch der Einzelkaufmann, der sein Geschäft unter einer von seinem bürgerlichen Namen abweichenden Firma betreibt.

Der Begriff „juristische Personen" umfaßt die juristischen Personen sowohl des Privat- als auch des öffentlichen Rechts. Das Wesentliche der juristischen Person beruht darauf, daß an Stelle des Eigentümers der Verfügungsberechtigte, der Vorstand in Verbindung mit der Mitgliederversammlung, und bei der Stiftung der Verwaltungsberechtigte, der Vorstand auf Grund der Stiftungsurkunde, tritt.

Zu den juristischen Personen des Privatrechts gehören namentlich die rechtsfähigen Vereine (§ 21 ff. BGB.) und rechtsfähigen Stiftungen des Privatrechts (§ 80 ff. BGB.), die juristischen Personen des Handelsrechts, die Aktiengesellschaften (§ 178 ff. HGB.), die Gesellschaften mit beschränkter Haftung (RGBl. 1898 S. 846), die Erwerbs- und Wirtschaftsgenossenschaften (RGBl. 1898 S. 810). Juristische Personen des öffentlichen Rechts sind der Staat, der im Privatrechtsverkehr als Fiskus erscheint, sowie die Körperschaften, Stiftungen und Anstalten des öffentlichen Rechts (§ 89 BGB.). Zu den auf Reichsrecht beruhenden juristischen Personen des öffentlichen Rechts zählen insbesondere die Reichsbank (Bankgesetz vom 14. März 1875, RGBl. S. 177), die Träger der Reichsversicherung nach § 3 der Reichsversicherungsordnung (RGBl. 1911 S. 509), namentlich für die Krankenversicherung die Krankenkassen, für die Unfallversicherung die Berufsgenossenschaften, für die Invaliden- und Hinterbliebenenversicherung die Versicherungsanstalten, ferner die Innungen (§ 86 GewO.) und die Handwerkskammern (§ 103n GewO.). Den Innungsausschüssen kann von den Landeszentralbehörden, den Innungsverbänden durch Beschluß des Bundesrats Rechtsfähigkeit beigelegt werden (§§ 101, 104g GewO.). Die für besondere Verwaltungszwecke bestimmten, getrennt verwalteten öffentlichen Fonds besitzen nicht ohne weiteres juristische Persönlichkeit. Eine solche fehlt regelmäßig der Gemeindekrankenkasse, der Gemeindearmenkasse, der Kommunalsparkasse, der Innungskrankenkasse und den sonstigen Innungseinrichtungen (§ 85 Abs. 2 GewO.). Die öffentlichen Sparkassen, soweit ihnen nicht ohne weiteres juristische Persönlichkeit zukommt, sind als Abteilungen und besonders verwaltete Vermögensmassen der sie stiftenden und unterhaltenden öffentlichen Körperschaften zum Postscheckverkehr zugelassen.

Da nicht alle Handelsgesellschaften juristische Personen sind — die offene Handelsgesellschaft und die Kommanditgesellschaft (§§ 124, 161 Abs. 2 HGB.) sind Gesellschaften mit nur formeller Rechtsfähigkeit —, mußten sie unter dem Begriff „Handelsgesellschaften" im Gesetze besonders aufgeführt werden. Das gleiche gilt von den Vereinigungen (§ 54, 705 ff. BGB.). Die Anstalten, soweit sie lediglich Verwaltungseinrichtungen darstellen, gehören nicht zu den juristischen Personen. Ebensowenig rechnen die öffentlichen Behörden zu den juristischen Personen, sie gelten vielmehr nur als deren Organe.

Im § 10 Ziff. 1 ist dem Reichskanzler vorbehalten worden, zu bestimmen, wie sich Minderjährige, Ehefrauen, Vorstände der juristischen Personen und sonstige Teilnehmer am Postscheckverkehr beim PSchA. auszuweisen haben.

Die Wahl des PSchA., bei dem das Konto eröffnet werden soll, unterliegt dem freien Ermessen des Antragstellers. Für denselben Inhaber können auch mehrere Konten bei dem gleichen oder bei verschiedenen PSchA. eröffnet werden unter der Voraussetzung, daß für jedes Konto die vorgeschriebene Stammeinlage (§ 2) gehalten wird.

§ 2.

Stammeinlage.

Auf jedem Konto muß, solange es besteht, eine Stammeinlage von 50 Mark gehalten werden.

Die Guthaben der Kontoinhaber werden nicht verzinst.

Zu § 2.

Zur Entrichtung der Stammeinlage ist jeder Kontoinhaber, namentlich auch jede Reichs- oder Staatsbehörde, verpflichtet. Der Kontoinhaber darf über die Stammeinlage, so lange sein Konto besteht, nicht verfügen.

Zu dem Guthaben, das nicht verzinst wird, gehört die einen Teil desselben bildende Stammeinlage.

§ 3.

Gutschriften.

Dem Konto werden gutgeschrieben:

a) die Stammeinlage,

b) die mittels Zahlkarte eingezahlten Beträge,

c) die von einem anderen Postscheckkonto überwiesenen Beträge.

§ 4.

Lastschriften.

Der Kontoinhaber kann über sein Guthaben, soweit es die Stammeinlage übersteigt, in beliebigen Teilbeträgen durch Überweisung auf ein anderes Postscheckkonto oder mittels Schecks jederzeit verfügen.

Zu §§ 3 und 4.

Für die Festsetzung der Grundzüge sind im Gesetze nur die Arten der Rechtsgeschäfte, die zu Gut- und Lastschriften führen, angegeben worden. Die weitere Regelung sonstiger Aufträge, die dem PSchA. erteilt werden können, ist dem Verordnungswege vorbehalten worden (§ 10 Ziff. 4).

§ 5.

Gebühren.

Die Gebühren betragen:

1. für eine Einzahlung mittels Zahlkarte
   a) bei Beträgen bis 25 M . . . . . 5 Pf.,
   b) bei Beträgen von mehr als 25 M . 10 Pf.,
2. für jede Auszahlung eine feste Gebühr von 5 Pf., und außerdem eine Steigerungsgebühr von $^1/_{10}$ vom Tausend des auszuzahlenden Betrags,
3. für jede Überweisung von einem Postscheckkonto auf ein anderes . . . . . 3 Pf.

Die Gebühren zu 1 sind vom Zahlungsempfänger, die Gebühren zu 2 und 3 vom Auftraggeber zu entrichten.

Die Gebühren können mit Zustimmung des Bundesrats durch den Reichskanzler herabgesetzt werden.

Zu § 5.

Zur Entrichtung der Gebühren ist jeder Kontoinhaber, namentlich auch jede Reichs- oder Staatsbehörde, verpflichtet. Die durch das Portofreiheitsgesetz vom 5. Juni 1869 (Bundesgesetzblatt 141 des Norddeutschen Bundes) eingeräumten Portofreiheiten erstrecken sich also nicht auf die im § 5 festgesetzten Gebühren, denn im Postscheckverkehr handelt es sich hinsichtlich der Führung der Konten sowie der an die PSchA. gelangenden Aufträge zu Gut- oder Lastschriften nicht um einen Beförderungsdienst, für den allein das Portofreiheitsgesetz in den dort festgesetzten Grenzen Gebührenfreiheit gewährt.

Die Gebühren werden vom Postscheckkonto des Zahlungspflichtigen abgeschrieben. Das PSchA. übersendet dem Kontoinhaber einen Gebührenzettel, in dem die Gebühren für die Einzahlungen mit Zahlkarte sowie für die einzelnen mit Scheck oder Überweisung erteilten Aufträge zusammengestellt sind.

Zu Ziff. 1. Da nur die Einzahlungen mit Zahlkarte einer Gebühr unterliegen, wird für die Gutschrift der beim PSchA. für einen Kontoinhaber mit Postanweisung eingehenden Beträge keine Gebühr erhoben.

Zu Ziff. 2. Unter den Auszahlungen sind Auszahlungen durch die Kasse des PSchA. und im Abrechnungsverkehr mit der Reichsbank sowie solche an im Deutschen Reiche wohnende Empfänger zu verstehen, die mit „Zahlungsanweisung" erledigt werden. Die Beträge, die vom PSchA. mit Postanweisung oder Wertbrief nach dem Ausland abgesandt werden, unterliegen nicht der in Ziff. 2 festgesetzten Auszahlungsgebühr.

Die Steigerungsgebühr wird in der Weise berechnet, daß die Beträge der Auszahlungen bei Abschluß jedes einzelnen

Kontoblatts zusammengerechnet werden und daß von dieser Gesamtsumme $^1/_{10}$ vom Tausend in Ansatz kommt. Hierbei werden Bruchpfennig auf volle Pfennig aufwärts abgerundet.

Zu Ziff. 3. Da die Gebühr für die Überweisung von einem Postscheckkonto auf ein anderes zu entrichten ist, hat nur der Auftraggeber die Überweisungsgebühr zu tragen. Der Empfänger einer Überweisung bleibt gebührenfrei. Ist der Auftrag zur Überweisung durch Scheck erteilt worden, so wird ebenfalls nur die Überweisungsgebühr erhoben.

Die Gebühr für Überweisungen nach dem Auslande beträgt bis zu 400 M 20 Pf, für jede weiteren 100 M oder einen Teil dieser Summe 5 Pf. mehr (s. S. 85).

§ 6.

Portofreiheit.

Die Sendungen der Postscheckämter und Postanstalten an die Kontoinhaber sowie die Sendungen dieser Ämter und Anstalten untereinander werden in Postscheckangelegenheiten portofrei befördert. Die Briefe der Kontoinhaber an die Postscheckämter unterliegen der Gebühr im Ortsverkehr (§ 50 Ziffer 7 des Gesetzes über das Postwesen des Deutschen Reichs vom 28. Oktober 1871; Reichs-Gesetzbl. S. 347). Für die Versendung sind besondere Briefumschläge (§ 10 Ziffer 2 dieses Gesetzes) zu benutzen. Werden andere Briefumschläge benutzt, so unterliegen die Sendungen dem gewöhnlichen Briefporto.

Zu § 6.

Die im ersten Satz enthaltene Bestimmung, wonach die Sendungen der PSchÄ. und Postanstalten untereinander portofrei befördert werden, umfaßt auch den von den PSchÄ. und den Postanstalten in Postscheckangelegenheiten ausgehenden und sich auf den Wechselverkehr zwischen dem Reichspostgebiet, Bayern und Württemberg erstreckenden Schriftwechsel.

Die Briefe der Kontoinhaber an die PSchA. unterliegen der Gebühr im Ortsverkehr. In dieser Beziehung ist § 50 Ziff. 7 des Gesetzes über das Postwesen des Deutschen Reichs anzuwenden:

„Durch ein vom Reichskanzler zu erlassendes Reglement, welches mittels der für die Publikation amtlicher Bekanntmachungen bestimmten Blätter zu veröffentlichen ist, werden die weiteren bei Benutzung der Postanstalt zu beobachtenden Vorschriften getroffen.

Diese Vorschriften gelten als Bestandteile des Vertrags zwischen der Postanstalt und dem Absender.

Das Reglement hat zu enthalten:

. . . . .

7. Anordnungen über die Art der Bestellung der durch die Post beförderten Gegenstände und die hierfür zu erhebenden Gebühren, insbesondere die Gebühren für Bestellung der Expreßsendungen, der Stadtbriefe und Pakete, der Wertsendungen, ferner . . .

Für den inneren Postverkehr der Königreiche Bayern und Württemberg werden die reglementären Anordnungen von den zuständigen Behörden dieser Staaten erlassen."

Die auf Grund des § 50 des Gesetzes über das Postwesen des Deutschen Reichs für das Reichspostgebiet erlassene Postordnung vom 20. März 1900 (Zentralbl. für das Deutsche Reich Nr. 12 S. 53) besagt im § 37 I:

„Für Ortsbriefe (an Empfänger im Orts- oder Landbezirke des Aufgabepostorts) werden erhoben:

im Frankierungsfalle . . . 5 Pf.,
im Nichtfrankierungsfalle . . 10 „ ."

An die Gebührenermäßigung, die im Interesse der Gleichstellung der am Sitze des PSchA. und der auswärts wohnenden Kontoinhaber nur für die Briefe des Fernverkehrs in Frage kommt, ist die Bedingung geknüpft, daß für die Versendung besondere Briefumschläge (§ 10 Ziff. 2 dieses Gesetzes) benutzt werden. Pakete der Kontoinhaber an die PSchÄ. unterliegen der tarifmäßigen Gebühr.

Einen Anspruch auf portofreie Beförderung nach den PSchÄ. haben die Sendungen, für die die Voraussetzungen des Portofreiheitsgesetzes vom 5. Juni 1869 gegeben sind. Für die Briefe mit Schecks, Überweisungen usw., die in den Hausbriefkasten des PSchA. gelegt werden und für dieses bestimmt sind, ist kein Porto zu entrichten.

§ 7.

Auskunfterteilung.

Auskunft über das Scheckguthaben darf nur in den im § 5 des Gesetzes über das Postwesen des Deutschen Reichs vom 28. Oktober 1871 (Reichs-Gesetzbl. S. 347) angegebenen Ausnahmefällen sowie in entsprechender Anwendung des § 3 Abs. 4 und des § 9 des Reichsschuldbuchgesetzes (in der Fassung der Bekanntmachung vom 31. Mai 1910, Reichs-Gesetzbl. S. 840) erteilt werden. Bei Pfändung des Guthabens im Wege der Zwangsvollstreckung oder des Arrestes darf auch dem pfändenden Gläubiger Auskunft erteilt werden (§ 840 der Zivilprozeßordnung).

Zu § 7.

Der § 7 regelt die Auskunfterteilung. Soweit es sich um die Auskunft über Einzahlungen auf ein Postscheckkonto durch Zahlkarte, Überweisung usw. sowie über Auszahlungen auf Grund von Schecks, Überweisungen usw. handelt, gilt das Briefgeheimnis (§ 5 des Gesetzes über das Postwesen des Deutschen Reichs vom 28. Oktober 1871; RGBl. S. 347):

„Das Briefgeheimnis ist unverletzlich. Die bei strafgerichtlichen Untersuchungen und in Konkurs- und zivilprozessualischen Fällen notwendigen Ausnahmen sind durch ein Reichsgesetz festzustellen. Bis zu dem Erlaß eines Reichsgesetzes werden jene Ausnahmen durch die Landesgesetze bestimmt.“

In Wahrung des Briefgeheimnisses darf also Auskunft darüber, von wem und an wen Geld im Postscheckverkehr gezahlt oder überwiesen worden ist, nur im Rahmen des § 5 des Postgesetzes erteilt werden.

Die Vorschriften über die Beschlagnahme von Postsendungen in strafgerichtlichen Untersuchungen sind in den §§ 99—101 der Strafprozeßordnung (RGBl. 1877 S. 253) enthalten:

§ 99. „Zulässig ist die Beschlagnahme der an den Beschuldigten gerichteten Briefe und Sendungen auf der Post sowie der an ihn gerichteten Telegramme auf den Telegraphenanstalten; desgleichen ist zulässig an den bezeichneten Orten die Beschlagnahme solcher Briefe, Sendungen und Telegramme, in betreff derer Tatsachen vorliegen, aus welchen zu schließen ist, daß sie von dem Beschuldigten herrühren oder für ihn bestimmt sind und daß ihr Inhalt für die Untersuchung Bedeutung habe."

§ 100. „Zu der Beschlagnahme (§ 99) ist nur der Richter, bei Gefahr im Verzug und, wenn die Untersuchung nicht bloß eine Übertretung betrifft, auch die Staatsanwaltschaft befugt. Die letztere muß jedoch den ihr ausgelieferten Gegenstand sofort, und zwar Briefe und andere Postsendungen uneröffnet, dem Richter vorlegen.

Die von der Staatsanwaltschaft verfügte Beschlagnahme tritt, auch wenn sie eine Auslieferung noch nicht zur Folge gehabt hat, außer Kraft, wenn sie nicht binnen drei Tagen von dem Richter bestätigt wird.

Die Entscheidung über eine von der Staatsanwaltschaft verfügte Beschlagnahme sowie über die Eröffnung eines ausgelieferten Briefes oder einer anderen Postsendung erfolgt durch den zuständigen Richter."

§ 101. „Von den getroffenen Maßregeln (§§ 99, 100) sind die Beteiligten zu benachrichtigen, sobald dies ohne Gefährdung des Untersuchungszwecks geschehen kann."

In gleicher Weise wie der Staatsanwalt kann der Amtsanwalt die Beschlagnahme von Postsendungen verfügen; dagegen sind die Polizeibehörden und Hilfsbeamten der Staatsanwaltschaft hierzu nicht berechtigt.

Für die Beschlagnahme von Postsendungen in militärstrafgerichtlichen Untersuchungen gilt die Militärstrafgerichtsordnung vom 1. Dezember 1898 (RGBl. 1898 S. 1189, §§ 233ff.).

Im Verwaltungsstrafverfahren und im Disziplinarverfahren finden Ausnahmen vom Briefgeheimnis nicht statt.

In Konkursfällen wird § 121 der Konkursordnung (RGBl. 1898 S. 635) angewandt:

„Die Post- und Telegraphenanstalten sind verpflichtet, auf Anordnung des Konkursgerichts alle für den Gemeinschuldner eingehenden Sendungen, Briefe und Depeschen dem Verwalter auszuhändigen. Dieser ist zur Eröffnung derselben berechtigt. Der Gemeinschuldner kann die Einsicht und, wenn ihr Inhalt die Masse nicht betrifft, die Herausgabe derselben verlangen.

Das Gericht kann die Anordnung auf Antrag des Gemeinschuldners nach Anhörung des Verwalters aufheben oder beschränken."

Für den Zivilprozeß sind Ausnahmen vom Briefgeheimnis nicht zugelassen. Die Postanstalten dürfen also im Zivilprozeß über Postsendungen keine Auskunft erteilen. Der Absender oder der Empfänger kann jedoch die Post von der Pflicht zur Geheimhaltung entbinden.

In der Frage, unter welchen Voraussetzungen die PSchÄ. über die Höhe des Guthabens eines Kontoinhabers Auskunft erteilen dürfen, sind in erster Linie die in § 5 des Postgesetzes vorgesehenen Ausnahmefälle maßgebend. Da aber die Beschränkung der Auskunfterteilung auf diese Fälle den Bedürfnissen des Verkehrs nicht entsprechen würde, nimmt das Gesetz auf die in dieser Beziehung für das Reichsschuldbuch erlassenen Vorschriften bezug (Anl. 1 auf S. 45).

Diese Vorschriften sind auf die Verhältnisse des Postscheckverkehrs übertragen worden, weil gleiche oder ähnliche Voraussetzungen vorliegen. Der Fiskus ist auch hier der Schuldner, und für die Gläubiger ist es ohne wesentliche Bedeutung, daß ihre Forderung hier auf Zahlung von Kapital, dort auf Zahlung von Zinsen — abgesehen von der Rückgewährung in Schuldverschreibungen — gerichtet ist.

Ähnliche Bestimmungen sind u. a. in folgenden Landesgesetzen enthalten:

§ 3 Abs. 4 des preußischen Staatsschuldbuchgesetzes vom 27. Mai 1910 (GS. S. 55);

Art. 4 Abs. 4 des bayerischen Gesetzes, betreffend das Staatsschuldbuch, vom 20. Juli 1912 (Gesetz- und Verordnungsblatt für das Königreich Bayern S. 684);

§ 2 Abs. 4 des Gesetzes, betreffend das Staatsschuldbuch im Königreich Sachsen, vom 12. Juni 1906 (Gesetz- und Verordnungsblatt S. 168);

Art. 3 Abs. 4 des württembergischen Gesetzes, betreffend das Staatsschuldbuch, vom 12. August 1911 (Regierungsblatt S. 319).

Gleichwie den im § 3 Abs. 4 des Reichsschuldbuchgesetzes aufgeführten Personen über den Inhalt des Reichsschuldbuchs Auskunft erteilt werden darf, können im Postscheckverkehr einzelne Kontoinhaber, besonders Behörden, Berufsgenossenschaften, Banken und größere Firmen, für Prüfungszwecke neben dem vom PSchA. gefertigten Kontoauszug eine schriftliche Bestätigung des PSchA. über die Höhe ihres Kontoguthabens oder des Guthabens ihrer Zweiggeschäfte einholen, um den Kontostand unabhängig von den ihnen durch ihre Angestellten vorgelegten Unterlagen zu prüfen (Entscheidung des Reichspostamts vom 5. Januar 1913, III. M. 3600). Zur Vermeidung von Weiterungen ist es zweckmäßig, daß die Kontoinhaber in dem Wortlaut der Anfrage außer der Kontonummer den in Frage kommenden Betrag in Ziffern und Buchstaben aufnehmen und, wenn sie nicht selbst das Konto innehaben, dartun, daß sie zur Stellung des Antrags berechtigt sind.

Der Schlußsatz des § 7 hebt hervor, daß bei Pfändungen die Vorschrift des § 840 ZPO. Platz greift:

„Auf Verlangen des Gläubigers hat der Drittschuldner binnen zwei Wochen, von der Zustellung des Pfändungsbeschlusses an gerechnet, dem Gläubiger zu erklären:

1. ob und inwieweit er die Forderung als begründet anerkenne und Zahlung zu leisten bereit sei;
2. ob und welche Ansprüche andere Personen an die Forderung machen;
3. ob und wegen welcher Ansprüche die Forderung bereits für andere Gläubiger gepfändet sei.

Die Aufforderung zur Abgabe dieser Erklärungen muß in die Zustellungsurkunde aufgenommen werden. Der Drittschuldner haftet dem Gläubiger für den aus der Nichterfüllung seiner Verpflichtung entstehenden Schaden.

Die Erklärungen des Drittschuldners können bei Zustellung des Pfändungsbeschlusses oder innerhalb der im ersten Absatze bestimmten Frist an den Gerichtsvollzieher erfolgen. Im ersteren Falle sind dieselben in die Zustellungsurkunde aufzunehmen und von dem Drittschuldner zu unterschreiben."

Der Pfändung unterliegt auch die Stammeinlage. Da die Inhaber von Postscheckkonten als solche Forderungen gegenüber dem Fiskus (für das Reichspostgebiet der Reichsfiskus — Reichs-Post- und Telegraphenverwaltung —, für Bayern der der bayerische Fiskus, für Württemberg der württembergische Fiskus) haben und dieser durch die dem PSchA. vorgesetzte OPD. (in Württemberg durch die Generaldirektion der Kgl. Württ. Posten und Telegraphen in Stuttgart) vertreten wird, sind die gerichtlichen Pfändungs- und Überweisungsbeschlüsse sowie gemäß § 845 ZPO. die Pfändungsankündigungen als an den gesetzlichen Vertreter des Fiskus zu richten

a) für das Reichspostgebiet

in Angelegenheiten des PSchA. Berlin an die Kaiserliche OPD. in Berlin, in Angelegenheiten des PSchA. Breslau an die Kaiserliche OPD. in Breslau,

in Angelegenheiten des PSchA. Cöln an die Kaiserliche OPD. in Cöln,

in Angelegenheiten des PSchA. Danzig an die Kaiserliche OPD. in Danzig,

in Angelegenheiten des PSchA. Frankfurt (Main) an die Kaiserliche OPD. in Frankfurt (Main),

in Angelegenheiten des PSchA. Hamburg an die Kaiserliche OPD. in Hamburg,

in Angelegenheiten des PSchA. Hannover an die Kaiserliche OPD. in Hannover,

in Angelegenheiten des PSchA. Karlsruhe (Baden) an die Kaiserliche OPD. in Karlsruhe (Baden),

in Angelegenheiten des PSchA. Leipzig an die Kaiserliche OPD. in Leipzig;

b) für das Königreich Bayern

in Angelegenheiten des PSchA. Ludwigshafen (Rhein) an die Kgl. Bayer. OPD. in Speyer,

in Angelegenheiten des PSchA. München an die Kgl. Bayer. OPD. in München,

in Angelegenheiten des PSchA. Nürnberg an die Kgl. Bayer. OPD. in Nürnberg;

c) für das Königreich Württemberg

in Angelegenheiten des PSchA. Stuttgart an die Generaldirektion der Kgl. Württ. Posten und Telegraphen in Stuttgart.

Unterhält z. B. ein in Mannheim wohnender Kontoinhaber ein Postscheckkonto beim PSchA. Ludwigshafen (Rhein), so ist der auf dessen Postscheckguthaben ausgebrachte Pfändungsbeschluß der Kgl. Bayer. OPD. in Speyer zuzustellen. Im Falle unrichtiger Zustellung des Pfändungsbeschlusses an das PSchA. wird das Konto in Höhe des gepfändeten Betrags gesperrt und dem pfändenden Gläubiger durch Schreiben mit Zustellungsurkunde zur Nachholung der rechtsgültigen Zustellung eine angemessene Frist gesetzt. Kommt der Pfandgläubiger dieser Aufforderung nicht nach und beansprucht er unter Widerspruch des Kontoinhabers oder späterer Pfandgläubiger die Auszahlung, so wird auf Grund des § 372 BGB. oder des § 853 ZPO. hinterlegt.

§ 372 BGB.: „Geld, Wertpapiere und sonstige Urkunden sowie Kostbarkeiten kann der Schuldner bei einer dazu bestimmten öffentlichen Stelle für den Gläubiger hinterlegen, wenn der Gläubiger im Verzuge der Annahme ist. Das gleiche gilt, wenn der Schuldner aus einem anderen in der Person des Gläubigers liegenden Grunde oder infolge einer nicht auf Fahrlässigkeit beruhenden Ungewißheit über die Person des Gläubigers seine Verbindlichkeit nicht oder nicht mit Sicherheit erfüllen kann.“

§ 853 ZPO.: „Ist eine Geldforderung für mehrere Gläubiger gepfändet, so ist der Drittschuldner berechtigt und auf Verlangen eines Gläubigers, welchem die Forderung überwiesen wurde, verpflichtet, unter Anzeige der Sachlage und unter Aushändigung der ihm zugestellten Beschlüsse an das Amtsgericht, dessen Beschluß ihm zuerst zugestellt ist, den Schuldnerbetrag zu hinterlegen.“

Entsprechend wird verfahren, wenn der Wortlaut der Vorpfändung oder des Pfändungsbeschlusses es zweifelhaft läßt, ob auch das nach der Zustellung aufkommende Guthaben in Anspruch genommen wird. Stellt der Pfändungsgläubiger auf die zuzustellende Aufforderung der OPD. usw. keinen ergänzenden Gerichtsbeschluß zu, und widerspricht der Kontoinhaber der Auszahlung des nach der Zustellung aufgekommenen Guthabens, so wird letzteres ebenfalls hinterlegt (Entscheidung des Reichs-Postamts vom 25. Oktober 1911, III. M. 2137).

§ 8.

Aufhebung des Kontos.

Der Kontoinhaber kann jederzeit aus dem Postscheckverkehr scheiden. Die Postverwaltung kann das Konto bei mißbräuchlicher Überziehung des Guthabens aufheben.

Zu § 8.

Die Bestimmung stellt klar, daß es für die Aufgabe des Kontos einer Kündigungsfrist nicht bedarf. Eine solche ist nicht erforderlich, weil der Kontoinhaber durch Überweisung oder Scheck ohnehin über das Guthaben, soweit es die Stammeinlage übersteigt, jederzeit verfügen kann (§ 4). Der Postverwaltung steht nach dem zweiten Satze das Recht zu, ihrerseits ohne Kündigung ein Konto aufzuheben, wenn der Kontoinhaber wiederholt Überweisungen und Schecks ausstellt, deren Beträge sein verfügbares Guthaben, d. h. das nach Abzug der Stammeinlage von 50 M (§ 2) verbleibende Guthaben, übersteigen.

§ 9.

Gewährleistung.

Die Postverwaltung haftet dem Kontoinhaber für die ordnungsmäßige Ausführung der bei dem Postscheckamt eingegangenen Aufträge nach den allgemeinen Vorschriften des bürgerlichen Rechtes über die Haftung des Schuldners für die Erfüllung seiner Verbindlichkeit. Sie haftet nicht für die rechtzeitige Ausführung der ihr erteilten Aufträge.

Der Anspruch gegen die Postverwaltung verjährt in zwei Jahren. Die Verjährung beginnt mit dem Schlusse des Jahres, in dem der Auftrag dem zuständigen Postscheckamt zugegangen ist.

Für Zahlkartenbeträge haftet die Postverwaltung dem Absender in gleicher Weise wie für Postanweisungen.

Zu § 9.

Bei der Haftung der Postverwaltung für die ordnungsmäßige Ausführung der bei dem PSchA. eingegangenen Aufträge geht das Gesetz in Übereinstimmung mit § 4 des Gesetzes, betreffend die Erleichterung des Wechselprotestes vom 30. Mai 1908 (RGBl. 1908, S. 321), davon aus, daß die Postverwaltung ein Verschulden ihrer Angestellten nach den Vorschriften des bürgerlichen Rechtes über die Haftung eines Schuldners für die Erfüllung seiner Verbindlichkeiten zu vertreten hat (BGB. §§ 276, 278).

§ 4 des Gesetzes, betreffend die Erleichterung des Wechselprotestes: „Die Postverwaltung haftet dem Auftraggeber für die ordnungsmäßige Ausführung des Protestauftrags nach den allgemeinen Vorschriften des bürgerlichen Rechtes über die Haftung eines Schuldners für die Erfüllung seiner Verbindlichkeit. Sie haftet nicht über den Betrag des wechselmäßigen Regreßanspruchs hinaus."

§ 276 BGB. „Der Schuldner hat, sofern nicht ein anderes bestimmt ist, Vorsatz und Fahrlässigkeit zu vertreten. Fahrlässig handelt, wer die im Verkehr erforderliche Sorgfalt außer acht läßt. Die Vorschriften der §§ 827, 828 finden Anwendung.

Die Haftung wegen Vorsatzes kann dem Schuldner nicht im voraus erlassen worden."

§ 278 BGB. „Der Schuldner hat ein Verschulden seines gesetzlichen Vertreters und der Personen, deren er sich zur Erfüllung seiner Verbindlichkeit bedient, in gleichem Umfange zu vertreten wie eigenes Verschulden. Die Vorschrift des § 276 Abs. 2 findet keine Anwendung."

Die Postverwaltung haftet dem Kontoinhaber. Unter Kontoinhaber ist der Auftraggeber zu verstehen, wie denn auch die Begründung zum Postscheckgesetzentwurf von der Haftung der Postverwaltung für die ordnungsmäßige Ausführung der vom Kontoinhaber erteilten Aufträge spricht. Hiernach ist eine Haftung dem Kontoinhaber gegenüber, für dessen Konto eine Gutschrift auf Grund einer Überweisung in Auftrag gegeben worden ist, also dem Gutschriftempfänger gegenüber, ausgeschlossen.

Die Haftung der Postverwaltung tritt nur für die Ausführung der dem PSchA. zugegangenen Aufträge des **Kontoinhabers** ein, sie beginnt also erst mit dem Eingange der Aufträge beim PSchA. und erstreckt sich nicht auf die Beförderung der Aufträge an das PSchA. Hinsichtlich der Haftung für die ordnungsmäßige und rechtzeitige Beförderung der Aufträge sind die für die Beförderungsgeschäfte der Post geltenden Vorschriften im Abschnitt II des Postgesetzes vom 28. Oktober 1871 maßgebend. Nach diesen Vorschriften bestimmt sich auch die Verantwortlichkeit der Post, wenn Schecks oder Überweisungen an Banken versandt werden.

Aus der gleichen Erwägung rechtfertigt es sich, wie im letzten Absatze des § 9 bestimmt ist, für die durch Zahlkarte eingezahlten Beträge die gleiche Haftung wie bei der Postanweisung eintreten zu lassen. Der einschlägige § 6 Abs. 4 des Postgesetzes lautet: „Für die auf Postanweisungen eingezahlten Beträge leistet die Postverwaltung Garantie."

Für den durch die verzögerte Gutschrift einer Zahlkarte dem Absender entstandenen mittelbaren Schaden oder entgangenen Gewinn, mag die Verzögerung während der Beförderung eingetreten oder auf den Verlust einer Zahlkarte und die dadurch bedingte Ausstellung eines Doppels zur Zahlkarte zurückzuführen sein, leistet die Postverwaltung ebensowenig Ersatz wie für eine bei der Auszahlung einer Postanweisung vorgekommene Verzögerung (§§ 6 und 12 des Postgesetzes).

§ 6 des Postgesetzes (auszugsweise): „Die Postverwaltung leistet dem Absender im Falle reglementsmäßig erfolgter Einlieferung Ersatz:

I. für den Verlust und die Beschädigung
  1. der Briefe mit Wertangabe,
  2. der Pakete mit oder ohne Wertangabe;

II. für den Verlust der rekommandierten Sendungen.

Für die auf Postanweisungen eingezahlten Beträge leistet die Postverwaltung Garantie.

Für andere als die vorstehend bezeichneten Gegenstände, insbesondere für gewöhnliche Briefe, wird weder im Falle eines Verlustes oder einer Beschädigung, noch im Falle einer verzögerten Beförderung oder Bestellung Ersatz geleistet."

§ 12 des Postgesetzes: „Eine weitere, als die in den §§ 8, 9, 10 und 11*) nach Verschiedenheit der Fälle bestimmte Entschädigung wird von der Postverwaltung nicht geleistet; insbesondere findet gegen dieselbe ein Anspruch wegen eines durch den Verlust oder die Beschädigung einer Sendung entstandenen mittelbaren Schadens oder entgangenen Gewinnes nicht statt."

Nach den gleichen Grundsätzen wie in den §§ 6 und 12 des Postgesetzes schließt Abs. 1 Satz 2 dieses Paragraphen für verzögerte Buchungen die Haftung der Postverwaltung gegenüber dem Kontoinhaber aus.

In zeitlicher Beziehung gestaltet sich die Haftung der Postverwaltung gegenüber dem Kontoinhaber günstiger als im Postgesetze, das im § 14 für die Postbeförderungsgeschäfte eine halbjährige Verjährung vorsieht. Die Festsetzung im § 9 Abs. 2, daß der Anspruch gegen die Postverwaltung in zwei Jahren verjährt, lehnt sich an die für die Geschäfte des täglichen Verkehrs nach §§ 196, 201 BGB. getroffene Bestimmung an.

> **§ 196 BGB.** „In zwei Jahren verjähren die Ansprüche:
>
> 1. Der Kaufleute, Fabrikanten, Handwerker und derjenigen, welche ein Kunstgewerbe betreiben, für Lieferung von Waren, Ausführung von Arbeiten und Besorgung fremder Geschäfte usw."

---

*) Die §§ 8, 9, 10 und 11 regeln die Ersatzverbindlichkeit der Postverwaltung für Sendungen mit Wertangabe (§ 8), für gewöhnliche Pakete (§ 9), für Einschreibsendungen (§ 10) und bei Reisen mit den ordentlichen Posten (§ 11).

§ 201 BGB. „Die Verjährung der in den §§ 196, 197 bezeichneten Ansprüche beginnt mit dem Schlusse des Jahres, in welchem der nach den §§ 198 bis 200 maßgebende Zeitpunkt eintritt. Kann die Leistung erst nach dem Ablauf einer über diesen Zeitpunkt hinausreichenden Frist verlangt werden, so beginnt die Verjährung mit dem Schlusse des Jahres, in welchem die Frist abläuft."

Eine gleiche Verjährung besteht für den Giroverkehr der Reichsbank nach Punkt 6 ihrer Bestimmungen:

„Alle die Ausführung eines Giroauftrags betreffenden Ansprüche der Kontoinhaber gegen die Reichsbank verjähren in zwei Jahren. Die Verjährung beginnt mit dem Schlusse des Jahres, in welchem der Auftrag der Reichsbank zugegangen ist."

§ 10.

Bestimmungen über die Postscheckordnung.

Die weiteren Anordnungen zur Regelung des Postscheckverkehrs erläßt der Reichskanzler. Er bestimmt insbesondere:

1. die allgemeinen Grundsätze für den Ausweis der nach § 1 zum Postscheckverkehr zuzulassenden Teilnehmer sowie für die Bezeichnung der Konten,
2. die zu verwendenden Formulare und den Preis der von der Postverwaltung zu beziehenden Formulare; die Formulare zu Zahlkarten und die im § 6 bezeichneten Briefumschläge können auch von der Privatindustrie hergestellt werden,
3. den Höchstbetrag der Zahlkarten und Schecks,
4. die Voraussetzungen, unter denen den Konten auf anderem als dem im § 3 erwähnten Wege Beträge zugeführt werden können, und unter denen

der Kontoinhaber in anderer als der im § 4 erwähnten Weise über sein Guthaben verfügen kann,

5. die Geschäfte, die bei weiterer Ausgestaltung des Postscheckverkehrs zuzulassen sind,
6. die Anlegung der im Postscheckverkehr aufkommenden Gelder,
7. die Art der Benachrichtigung der Kontoinhaber über die Ausführung der Aufträge und den Stand der Guthaben.

Werden die Anordnungen geändert, so sind die neuen Vorschriften auch auf die bereits bestehenden Postscheckkonten anzuwenden.

Die nach diesen Bestimmungen erlassenen Vollzugsanordnungen sind dem Reichstage zur Kenntnis zu bringen. Ferner ist alljährlich mit dem Etat des Reichshaushalts eine genaue monatliche Nachweisung über die Anlegung der im Postscheckverkehr aufkommenden Gelder vorzulegen.

Zu § 10.

Das im § 10 vorbehaltene Verordnungsrecht beruht auf der Notwendigkeit, den besonderen Verhältnissen des Verkehrs, den wechselnden Bedürfnissen einer fortschreitenden Entwickelung in Handel, Industrie, Gewerbe usw. jederzeit gerecht zu werden. Dieser Grundsatz ist auch für den Postverkehr angewandt worden (vgl. den auf S. 29 auszugsweise wiedergegebenen Abdruck des § 50 des Gesetzes über das Postwesen des Deutschen Reichs sowie Artikel 48 und 50 der Reichsverfassung).

Zu 1. Vgl. die Ausführungen zu § 1.

Zu 2. Einzelne Formulare zu Zahlkarten sollen nach wie vor durch die Postanstalten und im Falle des Bedürfnisses durch die Posthilfstellen und Landbriefträger unentgeltlich abgegeben werden.

Zu 3. Für Zahlkarten, die jetzt auf höchstens 10000 M lauten dürfen, soll ein Höchstbetrag nicht mehr festgesetzt werden; für Schecks soll der Meistbetrag von 10000 auf 20000 M erhöht werden.

Zu 4. Den Konten können außer mit Zahlkarte und Überweisung (§ 3) auch Beträge mit Postanweisung zugeführt werden.

Der Kontoinhaber, der über sein Guthaben verfügen will, muß nach § 4 eine Überweisung oder einen Scheck ausstellen. Es hat sich aber bereits die Notwendigkeit ergeben, für gewisse Fälle zuzulassen, daß der Kontoinhaber auch in anderer Form über sein Guthaben verfügen darf, so z. B. bei wiederkehrenden Zahlungen wie Begleichung der Steuern, der Beiträge für die Krankenversicherung, der gestundeten Eisenbahnfrachten, der Fernsprechgebühren, des Zeitungsbezugsgeldes usw. (S. 52 ff.). Auch in anderer Richtung können die Bedürfnisse des Verkehrs nicht im voraus übersehen werden, so daß die Hervorhebung der Zulässigkeit des Verordnungswegs zur Vermeidung der Annahme einer gesetzlichen Bindung notwendig ist.

Zu 5. Diese allgemeine Ermächtigung soll es der Postverwaltung ermöglichen, neuen noch nicht vorauszusehenden Verkehrserfordernissen gerecht zu werden sowie durch Versuche den Postscheckverkehr auszugestalten und an die mit ihm in Verbindung stehenden Rechtsgeschäfte anzugliedern.

Zu 6. Der für das Reichspostgebiet geltende Erlaß des Reichskanzlers vom 10. Mai 1910 über die Anlegung der im Postscheckverkehr aufkommenden Gelder ist auf Anl. 2 (S. 48) abgedruckt.

Zu 7. Von den durch Ein- und Rückzahlungen eintretenden Änderungen des Guthabens wird der Kontoinhaber durch Kontoauszug nach Anl. 3 (S. 51) benachrichtigt, dem bei den gutgeschriebenen Beträgen die Abschnitte der Zahlkarten, die Abschnitte der Überweisungen oder an deren Stelle Gutschriftzettel sowie die Abschnitte der Postanweisungen, bei den abgeschriebenen Beträgen Lastschriftzettel, Gebührenzettel oder sonstige

Belege, aus denen die Abbuchung der Beträge vom Konto hervorgeht, beigefügt werden.

Die Bestimmung des vorletzten Abs. über die späteren Änderungen der Verordnung ist erforderlich, um die Einheitlichkeit der Rechtsverhältnisse aller Kontoinhaber zu sichern.

Die im letzten Absatz erwähnten Vollzugsanordnungen (die Postscheckordnung) sind nach ihrer Veröffentlichung unmittelbar von unserem Verlag oder durch Vermittelung jeder Buchhandlung von uns zu beziehen. Auch werden dann das Postscheckgesetz und die Postscheckordnung, in einem Bande vereinigt, erhältlich sein.

§ 11.

Innerer Verkehr in Bayern und Württemberg.

Der § 2 und die §§ 5, 6 und 10 gelten nicht für den innern Verkehr der Königreiche Bayern und Württemberg.

Zu § 11.

Diese Bestimmung für den inneren Verkehr der Königreiche Bayern und Württemberg beruht auf der verfassungsrechtlichen Sonderstellung der beiden Bundesstaaten.

§ 12.

Inkrafttreten des Gesetzes.

Dieses Gesetz tritt am 1. Juli 1914 in Kraft.

Urkundlich unter Unserer Höchsteigenhändigen Unterschrift und beigedrucktem Kaiserlichen Insiegel.

Gegeben Venedig, den 26. März 1914.

Wilhelm.

(L. S.) von Bethmann Hollweg.

Anl. 1.

Auszug aus dem Reichsschuldbuchgesetz vom 31. Mai 1891

in der Fassung der Bekanntmachung vom 31. Mai 1910

(RGBl. S. 840).

§ 3. „In dem Reichsschuldbuch sind auch die in dem Schuldverhältnis eintretenden Veränderungen zu vermerken.

Für die zu verschiedenen Zinssätzen erfolgenden Eintragungen können getrennte Bücher angelegt werden.

Von dem Reichsschuldbuch ist eine Abschrift zu bilden und getrennt aufzubewahren.

Über den Inhalt des Reichsschuldbuchs darf nur den im § 9 aufgezählten Personen sowie dem Gegenvormunde, dem Beistand und bezüglich der im § 5 unter Nr. 3 und 4 bezeichneten Gläubiger, den zur Revision ihrer Kassen berechtigten öffentlichen Behörden oder sonstigen Personen, letzteren aber nur, falls ihre Berechtigung zur Kassenrevision durch eine öffentliche Behörde bescheinigt ist, Auskunft erteilt werden."

§ 5. „Als Gläubiger können nur eingetrageu werden:

1. einzelne physische Personen,
2. einzelne Handelsfirmen,
3. einzelne eingetragene Genossenschaften und einzelne eingeschriebene Hilfskassen, welche im Gebiete des Deutschen Reichs ihren Sitz haben, sowie einzelne juristische Personen,

4. einzelne Vermögensmassen, wie Stiftungen, Anstalten, Familienfideikommisse, deren Verwaltung von einer öffentlichen Behörde oder unter deren Aufsicht geführt wird, oder deren Verwalter ihre Verfügungsbefugnis über die Masse durch eine gerichtliche oder notarielle Urkunde nachweisen."

§ 7. „Zugleich mit der Eintragung der Buchschuld kann der Antragsteller und nach erfolgter Eintragung der Gläubiger eine zweite Person eintragen lassen, welche nach dem Tode des Gläubigers der Reichsschuldenverwaltung gegenüber die Gläubigerrechte auszuüben befugt ist."

§ 9. „Zur Stellung von Anträgen auf Übertragung eingetragener Forderungen auf ein anderes Konto, auf Eintragung und auf Löschung von Vermerken über Veränderungen im Schuldverhältnisse (§ 3 Abs. 1) sowie auf Ausreichung von Reichsschuldverschreibungen gegen Löschung der eingetragenen Forderung sind nur berechtigt:

1. der eingetragene Gläubiger,
2. sein gesetzlicher Vertreter oder sein Bevollmächtigter,
3. der Konkursverwalter,
4. derjenige, auf welchen die eingetragene Forderung von Todes wegen übergegangen ist,
5. die gemäß § 7 eingetragene zweite Person,
6. der Testamentsvollstrecker,
7. der Nachlaßverwalter (BGB. §§ 1981 ff.),
8. im Falle der fortgesetzten Gütergemeinschaft der überlebende Ehegatte.

Derjenige, für welchen ein Nießbrauch oder ein sonstiges Recht zum Zinsgenuß eingetragen ist, kann ohne Zuziehung des Gläubigers Anträge in bezug auf den zum Empfange der Zinsen Berechtigten stellen.

Zur Stellung von Anträgen für eine Firma gilt für berechtigt, wer zur Zeichnung der Firma berechtigt ist, zur Stellung von Anträgen für die im § 5 Nr. 4 erwähnten Vermögensmassen die dort genannte Behörde oder die von ihr bezeichnete Person oder die gemäß § 5 Nr. 4 zur Verfügung über die Masse befugten Verwalter. Als gesetzlicher Vertreter einer juristischen Person, die nicht im Gebiete des Deutschen Reichs ihren Sitz hat, gilt, wer seine Vertretungsbefugnis nach den vom Bundesrate beschlossenen Ausführungsbestimmungen nachgewiesen hat.

Anl. 2.

Verwendung der im Postscheckverkehr aufgekommenen Gelder.

Über die Verwendung und Anlegung der im Postscheckverkehr aufkommenden Gelder hat der Reichskanzler unterm 10. Mai 1910 folgendes bestimmt:

§ 1. Ein zur Befriedigung des laufenden Bedarfs ausreichender Teil ist in den Kassen der Postscheckämter und der Postanstalten zu belassen.

Die übrigen Gelder sind anzulegen:

1. in verbrieften Forderungen gegen das Reich oder einen Bundesstaat sowie in Forderungen, die in das Reichsschuldbuch oder in das Staatsschuldbuch eines Bundesstaats eingetragen sind;
2. in Darlehen*) an Genossenschaften, Vereine und sonstige Einrichtungen zur Förderung von Industrie, Handel und Landwirtschaft gegen Verpfändung von solchen Wertpapieren, in denen nach § 1807 BGB.

*) Die Anträge auf Gewährung von Darlehen sind an das Reichspostamt in Berlin W 66 zu richten. Die Gewährung von Darlehen an Städte, Gemeinden, Kreise und Sparkassen ist nach dem Erlaß nicht angängig.

oder nach den Gesetzen der Bundesstaaten die Anlegung von Mündelgeld erfolgen kann. Die Beleihungsgrenze der Wertpapiere wird von den Staatssekretären des Reichsschatzamts und des Reichspostamts festgesetzt. Die Kündigungsfrist für derartige Darlehen darf nur auf höchstens sechs Monate vereinbart werden. Die Festsetzung der Höhe des Zinssatzes bedarf der Zustimmung der Staatssekretäre des Reichsschatzamts und des Reichspostamts;

3. in inländischen oder in Gold zahlbaren ausländischen Wechseln ersten Ranges, die eine Verfallzeit von höchstens drei Monaten haben und aus denen in der Regel drei, mindestens aber zwei Verpflichtete haften, sowie in Schatzanweisungen des Reichs oder eines Bundesstaats;

4. ein Teil der Gelder ist der Reichshauptkasse zur Verstärkung ihrer Betriebsmittel zu überweisen. Von diesen Beträgen ist im Etat der Reichs-Post- nnd -Telegraphenverwaltung eine Zinseinnahme nach dem Satze von drei vom Hundert jährlich zu vereinnahmen.

§ 2. Bei der Auswahl der Anlegewerte (§ 1) ist bis auf weiteres zu beachten, daß

I. ein den Stammeinlagen der Kontoinhaber (§ 1, III PSchO.*) entsprechender Betrag in verbrieften Forderungen gegen das Reich angelegt wird;

II. von den nach Abzug der Stammeinlagen verbleibenden Geldern sollen in der Regel angelegt werden:

1. 50 v. H. in den im § 1 unter Ziff. 1 und 2 aufgeführten Wertpapieren und Darlehen; und zwar sind für die Hälfte dieser Summe Schuldverschrei-

*) Vom 1. Juli 1914 ab § 2 dieses Gesetzes.

bungen des Reichs anzukaufen. Zu Darlehen an Genossenschaften usw. (§ 1 Ziff. 2) kann ein Betrag bis zu einem Viertel verwandt werden;

2. 50 v. H. in Wechseln*) oder in Schatzanweisungen des Reichs oder eines Bundesstaats (§ 1 Ziff. 3) oder durch Überweisung an die Reichshauptkasse (§ 1 Ziff. 4).

---

*) Den An- und Verkauf der Wechsel vermittelt die Reichsbank.

Anl. 3.

Kontoauszug mit ...... **Anl.** Konto Nr. .... *) **Kaiserliches Postscheckamt** (Name).

Auf Ihrem Konto sind am .... 191...... gebucht:

	Betrag M	Pf.	Betrag M	Pf.	Stückzahl	Gegenstand	Zur Benutzung für den Kontoinhaber
1	2		3		4	5	6
Guthaben nach vorigem Auszug					—		
Gutschriften	—	—				Zahlkarten	
	—	—					
	—	—				Überweisungen	
	—	—					
	—	—				Postanweisungen	
Summe I					—		
Lastschriften			—	—		Auszahlungen	
			—	—			
			—	—		Überweisungen	
			—	—			
			—	—		Gebühren	
Davon ab Summe II					—		
Jetziges Guthaben einschl. der Stammeinlage					—		

*) In allen Schreiben an das Postscheckamt ist die Kontonummer anzugeben.

Steuerzahlung im Wege des Postscheckverkehrs.

Die Steuerzahlstellen, die ein Postscheckkonto haben, können mit ihrem PSchA. vereinbaren, daß die Staats- und Gemeindesteuern durch Abschreibung des Betrags vom Postscheckkonto des Steuerzahlers, ohne daß dieser eine Überweisung ausstellt, beglichen werden. Voraussetzung ist hierbei, daß sich zu den Fälligkeitstagen der Steuern stets ein ausreichendes Guthaben auf dem Postscheckkonto des Steuerzahlers befindet.

Die Steuerzahler, die von dieser Einrichtung Gebrauch zu machen wünschen, haben der zuständigen Steuerzahlstelle eine Mitteilung in folgender Form zu übersenden:

„Ich bin damit einverstanden, daß die zu Hebebuch Nr. .... zu entrichtenden Steuern jedesmal bei Fälligkeit durch Abschreibung von meinem Postscheckkonto Nr. .... berichtigt werden."

Der einmal gestellte Antrag braucht nicht alljährlich erneuert zu werden, sondern bleibt bis auf Widerruf in Kraft.

Das PSchA. benachrichtigt den Steuerzahler von der Abschreibung der Steuern vom Postscheckkonto durch Kontoauszug, dem ein Lastschriftzettel in folgender Form beigefügt wird:

Lastschriftzettel für Steuern.

Konto-Nr. ....

Kontoinhaber ....

Stempel des PSchA.

.... M ...... Pf.

für Steuern

zu Hebebuch Nr. ....

erhalten.

.................................., den ....

Steuerzahlstelle

Beitragsentrichtung für die Krankenversicherung.

Für die Entrichtung der Beiträge zur Krankenversicherung kann, wenn die Orts- oder Landkrankenkasse ein Postscheckkonto hat, zwischen ihr und dem PSchA. folgendes Verfahren vereinbart werden.

Die Arbeitgeber, die ein Postscheckkonto haben, beantragen bei der Krankenkasse, daß die Versicherungsbeiträge bei Fälligkeit — ohne daß der Kontoinhaber eine Überweisung ausstellt — durch Abschreibung von ihrem Postscheckkonto berichtigt werden. Voraussetzung ist hierbei, daß sich zu den Fälligkeitstagen der Beiträge stets ein ausreichendes Guthaben auf dem Postscheckkonto des Arbeitgebers befindet.

Der einmal gestellte Antrag des Kontoinhabers bleibt bis auf Widerruf in Kraft.

Begleichung der gestundeten Eisenbahnfrachten im Postscheckverkehr.

Die gestundeten Eisenbahnfrachten können im Wege des Postscheckverkehrs beglichen werden. Die Inhaber von Postscheckkonten, die von diesem Verfahren Gebrauch zu machen wünschen, haben ihrer Eisenbahngüterkasse gegenüber eine entsprechende Erklärung abzugeben. Das PSchA. schreibt auf Veranlassung der Güterkasse die Frachten vom Postscheckkonto ab und benachrichtigt die Kontoinhaber hiervon durch Kontoauszug, dem ein über den Betrag der gestundeten Frachten lautender Giro-Lastschriftzettel beigefügt wird.

Begleichung von Unfallentschädigungen und Invalidenbezügen im Postscheckverkehr.

Anweisungen zu einmaligen Zahlungen dieser Art an Heilanstalten, Ärzte usw. können auf Antrag des Empfängers seinem Postscheckkonto gutgeschrieben werden. Der Zahlungsempfänger quittiert in solchem Falle mit dem Zusatze „durch Überweisung auf mein Postscheckkonto . . . Nr. . . ." und übersendet die vollzogenen Quittungen der Postanstalt. Diese fertigt über den Gesamtbetrag der Quittungen eine Überweisung oder — wenn sie noch kein Postscheckkonto hat — eine Zahlkarte aus und vermerkt auf dem Abschnitte die einzelnen Beträge unter Voransetzung der Berufsgenossenschaften usw., die den Auftrag zur Zahlung erteilt haben. Das PSchA. schreibt den Betrag der Überweisung oder der Zahlkarte auf dem Postscheckkonto gut und benachrichtigt hiervon den Kontoinhaber unter Übersendung des Abschnitts durch den nächsten Kontoauszug.

Begleichung der Zahlungen an Postkassen im Postscheckverkehr.

Zu Zahlungen an Postkassen -- auch an die Geldbesteller usw. der Postanstalten — können Überweisungen und Postschecks benutzt werden. Überweisungen sind bei Zahlungen an solche Kassen auszustellen, die ein Postscheckkonto haben. In allen übrigen Fällen sind Postschecks zu verwenden. In den Überweisungen und Schecks ist die Kasse, der Zahlung geleistet werden soll, anzugeben.

Durch Überweisung und Postscheck können alle Beträge, welche die Postverwaltung aus einem bestehenden Schuldverhältnisse zu fordern hat, vom Schuldner beglichen werden. Hierzu gehören namentlich

a) Fernsprechgebühren,
b) gestundete Portobeträge und Telegrammgebühren,
c) Beträge für Portopauschsummen,
d) Miete für die Benutzung von Grundstücken,
e) Gebühren für die an Privatpersonen zur Benutzung überwiesenen Telegraphenleitungen und Kabeladern,
f) Schließfachgebühren,
g) Gebühren für Privatbriefkasten,
h) Beträge auf Grund von Frankozetteln zu Postsendungen nach dem Auslande.

Für die Entrichtung der Fernsprechgebühren kann vom Fernsprechvermittelungsamt oder vom Verkehrsamte, dem die Vermittelungstelle zugeteilt ist, wenn es ein Postscheckkonto hat, auch folgendes Verfahren eingeführt werden. Die Fernsprechteilnehmer, die ein Postscheckkonto haben, erklären sich auf Anfrage des Vermittelungsamts usw. damit einverstanden, daß die Fernsprechgebühren jedesmal bei Fälligkeit ohne besonderen Antrag, also ohne daß der Fernsprechteilnehmer eine Überweisung ausstellt, von ihrem Postscheckkonto abgeschrieben und dem Postscheckkonto des Vermittelungsamts gutgeschrieben werden. Damit die Fernsprechteilnehmer wissen, mit welchem Betrag ihr Konto belastet werden wird, übersendet ihnen das Vermittelungsamt die Belege für die Fernsprechgebühren in einer Tasche aus hellgelbem Papier, auf deren Vorderseite zum Ausdruck gebracht ist, daß die Gebühren zu Lasten des Postscheckkontos sind, also vom Postscheckkonto abgeschrieben werden. Außerdem befindet sich am Fuße der Vorderseite folgender Vordruck:

Besonderer Maßnahmen Ihrerseits (Ausfertigung einer Überweisung) bedarf es nicht. Sollte das jetzige Guthaben Ihres Postscheckkontos keine Deckung bieten, so wollen Sie gefälligst **unverzüglich** für ausreichende Auffüllung sorgen."

Von der Abbuchung der Fernsprechgebühren erhalten die Fernsprechteilnehmer durch Kontoauszug Kenntnis, dem ein Giro-Lastschriftzettel nachstehenden Musters beigefügt wird:

(siehe Muster S. 59.)

In ähnlicher Weise können auch die gestundeten Portobeträge und Telegrammgebühren usw. beglichen werden.

Ferner können

a) bei Einzahlung von Postanweisungen,

Giro-Lastschriftzettel.

Ihrem Konto Nr. ....

wurden heute abgeschrieben für:

Aufgabestempel des PSchA.

	M.	Pf.
Fernsprechgebühren		
Gestundete Portobeträge		
„ Telegrammgebühren		
Frankozettel		
Zeitungsgeld		
Schließfachgebühren		
....		
Summe		

Vorstehenden Betrag haben wir durch Überweisung von Ihrem Postscheckkonto erhalten.

..........................amt..........................

Aufgabestempel des PA.

b) bei Einkauf von Wertzeichen im Betrage von mindestens 20 M,
c) bei Entrichtung von Zeitungsgeld durch die Bezieher,
d) bei Entrichtung der Gebühren für außergewöhnliche Zeitungsbeilagen und der Zeitungsgebühr

Überweisungen und Schecks in Zahlung gegeben werden.

Zu a. Die Postanweisungen, die bei den Postanstalten (nicht bei den PSchA.) eingeliefert werden müssen, werden erst abgesandt, nachdem der Betrag vom PSchA. der Postkasse gutgeschrieben oder mit Zahlungsanweisung überwiesen ist. Die von öffentlichen Behörden, Kassen und Anstalten sowie von Sparkassen der Kreise, Stadt- und Landgemeinden mit Überweisung oder Postscheck beglichenen Postanweisungen werden abgesandt, bevor die Überweisung oder der Scheck beim PSchA. gebucht ist, wenn die Behörden usw. einen dahingehenden schriftlichen Antrag stellen und

1. die in Zahlung zu gebenden Überweisungen und Schecks mit einem Abdrucke des Dienststempels oder dergleichen versehen,
2. die Postanweisungen nebst Überweisung oder Scheck durch einen ein für allemal bestimmten, dem Postamt persönlich vorgestellten **Kassenboten** einliefern lassen oder dem Einlieferer einen auf den Inhaber lautenden amtlichen Ausweis in folgender Fassung mitgeben:

„Der Inhaber ist ermächtigt, für die unterzeichnete Behörde (Kasse, Anstalt usw.) Postanweisungen, die durch Überweisung (oder Postscheck) beglichen werden, nebst Überweisung (oder Scheck) bei dem Postamte hierselbst einzuliefern."

(Siegel und Unterschrift der Behörde)

3. die Namen der zur Vollziehung der Überweisungen oder Schecks berechtigten Beamten dem Postamte mitteilen.

Die von anderen Inhabern eines Postscheckkontos ausgehenden, mit Überweisung oder Postscheck beglichenen Postanweisungen können gleichfalls abgesandt werden, bevor die Überweisung oder der Scheck beim PSchA. gebucht ist, wenn der Kontoinhaber bis zur Höhe der Einzahlungen Sicherheit gestellt hat.

Zu b. Wertzeichen, bei deren Ankauf Überweisungen oder Schecks in Zahlung gegeben werden, werden erst verabfolgt, nachdem die Überweisung oder der Scheck beim PSchA. gebucht ist. Dem Käufer wird zunächst eine Quittung über die Überweisung oder den Scheck erteilt. Nach Abschreibung des Betrags vom Postscheckkonto wird der Käufer sofort auf kürzestem Wege benachrichtigt, daß die Wertzeichen am Schalter gegen Rückgabe der Quittung in Empfang genommen werden können. Öffentlichen Behörden, Kassen und Anstalten sowie Sparkassen der Kreise, Stadt- und Landgemeinden werden unter den Voraussetzungen, unter denen die vorzeitige Absendung der von ihnen ausgehenden Postanweisungen zugestanden ist, die Wertzeichen ausgehändigt, ohne daß die Buchung beim PSchA. abgewartet wird. Das gleiche gilt für andere Inhaber von Postscheckkonten, die bis zur Höhe des Betrags der Wertzeichen Sicherheit gestellt haben.

Zu c. Zeitungsgelder können in ähnlicher Weise wie die Fernsprechgebühren, ohne daß der Bezieher eine Überweisung ausstellt, durch Abschreibung vom Postscheckkonto beglichen werden.

Zu d. Werden von Zeitungsverlegern Überweisungen oder Schecks zur Entrichtung der Gebühren für außergewöhnliche Zeitungsbeilagen oder der Zeitungsgebühr und des vorausbezahlten Bestellgeldes für Verlegerexemplare in Zahlung gegeben, so können die Zeitungsbeilagen oder die Lieferungschreiben abgesandt werden, bevor die Überweisung oder der Scheck beim PSchA. gebucht ist.

Ob noch bei anderen Zahlungen im Postverkehr Überweisungen oder Schecks anzunehmen sind, regeln die OPD.

Die Begleichung von Postauftrags-, Nachnahme- oder Zahlkartenbeträgen durch Überweisung oder Scheck ist nicht zugelassen.

Benutzung des Postscheckverkehrs zur Begründung von Schuldbuchforderungen.

Das Reichsschuldbuch und die Staatsschuldbücher bieten denen, die ihr Geld auf längere Zeit in deutschen Reichs- oder Staatsanleihen anlegen wollen, eine völlig sichere Kapitalanlage ohne Kosten für die laufende Verwaltung und einen bequemen kostenfreien Bezug der Zinsen. Durch den Erwerb von Buchforderungen werden alle Gefahren vermieden, welche durch Abhandenkommen, Beschädigung und Vernichtung von Wertpapieren oder Zinsscheinen drohen. Lediglich die Eintragung der Forderung in das Reichs- oder Staatsschuldbuch liefert den Beweis für das Bestehen der Forderung und das Recht auf den Zinsenbezug.

I. Begründung von Schuldbuchforderungen gegenüber dem Deutschen Reiche.

Den Inhabern eines deutschen Postscheckkontos übersenden die PSchA. kostenlos eine gedruckte Mitteilung über die Benutzung des Reichsschuldbuchs (Merkblatt) sowie ein Formular zum Antrag an die Reichsbankhauptkasse in Berlin zur Begründung einer Schuldbuchforderung gegenüber dem Reiche (s. Muster auf S. 65). Die Mitteilungen und die Antragformulare werden auch von jeder Postanstalt unentgeltlich verabfolgt.

Wünscht ein Kontoinhaber einen Betrag seines Postscheckguthabens in das Reichsschuldbuch als seine Forderung eintragen zu lassen, so hat er das Antragformular auszufüllen, über den ungefähren Anschaffungswert (Kurswert einschl. Stückzinsen) eine Überweisung auf das Postscheckkonto Nr. 98 der Reichsbankhauptkasse beim PSchA. in Berlin auszufertigen und beides in einem Briefe an sein PSchA. zu senden. Für die Weitergabe des Antrags an die Reichsbankhauptkasse in Berlin sorgt das PSchA., ohne dafür Kosten in Rechnung zu stellen. Auch die Reichsbank erhebt für die Vermittelung bei der Eintragung des im Postscheckverkehr überwiesenen Betrags in das Reichsschuldbuch keine Gebühr. Die Zinsen werden auf Wunsch dem Postscheckkonto des Antragstellers überwiesen.

Schuldbuchforderungen können auch durch Einzahlung mit Zahlkarte bei jeder Postanstalt des Deutschen Reichs auf das angegebene Postscheckkonto der Reichsbankhauptkasse in Berlin begründet werden.

II. Begründung von Schuldbuchforderungen gegenüber deutschen Bundesstaaten.

Ähnliche Einrichtungen wie für das Deutsche Reich bestehen für die Königreiche Preußen, Sachsen und Württemberg sowie für das Großherzogtum Hessen.

Die Mitteilungen über die Benutzung der Staatsschuldbücher (Merkblätter) sowie die Formulare für den Antrag zur Begründung einer Schuldbuchforderung sind von den Staatsschuldenverwaltungen dieser Staaten zu beziehen, auch geben für den einzelnen Staat die in diesem Staate gelegenen Postanstalten die Merkblätter und Antragformulare unentgeltlich ab. Das PSchA. Stuttgart übersendet den Inhabern von Postscheckkonten in Württemberg kostenlos ein Merkblatt über die Benutzung des württembergischen Staatsschuldbuchs sowie ein Formular zum Antrag an die württembergische

Reichsschuldbuch.

An
die Reichsbankhauptkasse
in
Berlin SW 19
Jägerstraße 34.

Bingerbrück, den *8. Juli* 19*14*.

Der Reichsbankhauptkasse lasse ich heute auf ihr Postscheckkonto Nr. 98 beim Postscheckamt in Berlin NW 7 den Betrag von Mark *1050* zugehen und beantrage dafür eine *4*prozentige Buchschuld im Nennbetrage von

Mark *1000*

(in Worten *eintausend* Mark) mit Zinsterminen am 1. April und 1. Oktober in das **Reichsschuldbuch** eintragen zu lassen, und zwar auf den **Namen:**

Walter Ernst Wilhelm Arndt
Kaufmann
in *Bingerbrück* Kreis *Kreuznach*
Mainzer Straße Nr. *25*.

Die fälligen **Zinsen** sollen gezahlt werden: auf **Postscheckkonto Nr.** *18284* beim Postscheckamt in *Cöln* **an** *Walter Arndt, Kaufmann* **in** *Bingerbrück*. Mir ist noch kein Konto eröffnet.

(Name oder Firma und Wohnung des Einzahlers)

Walter Ernst Wilhelm Arndt,
Kaufmann.

Anm. Die Antragformulare enthalten noch Erläuterungen über die Art der Ausfüllung.

Staatsschuldenkasse in Stuttgart zur Begründung einer Schuldbuchforderung gegenüber dem württembergischen Staat.

Die Schuldbuchforderungen können in der Weise begründet werden, daß der Inhaber eines Postscheckkontos das Antragformular ausfüllt und über den ungefähren Anschaffungswert (Kurswert einschl. Stückzinsen) eine Überweisung auf das Postscheckkonto der Kasse ausfertigt, welche die Eintragung des Betrags in das Staatsschuldbuch vermittelt (für Preußen Postscheckkonto Nr. 100 der Königlichen Seehandlung in Berlin beim PSchA. Berlin NW 7, für Sachsen Postscheckkonto Nr. 5295 der Königlichen Finanzhauptkasse in Dresden beim PSchA. Leipzig, für Württemberg Postscheckkonto Nr. 3692 der Königlich Württembergischen Staatsschuldenkasse in Stuttgart beim PSchA. Stuttgart, für Hessen Postscheckkonto Nr. 17 der Großherzoglichen Hauptstaatskasse in Darmstadt beim PSchA. Frankfurt [Main]). Die ausgefüllten Antragformulare sind diesen Kassen unmittelbar zu übersenden. Die Kontoinhaber in Württemberg können die Anträge zur Begründung von Buchforderungen gegenüber dem württembergischen Staat auch dem PSchA. Stuttgart übersenden, das für die Weitergabe an die württembergische Staatsschuldenkasse sorgt, ohne dafür Kosten in Rechnung zu stellen. Die Zinsen werden auf Wunsch dem Postscheckkonto des Antragstellers überwiesen.

Schuldbuchforderungen gegenüber diesen Staaten können auch durch Einzahlung mit Zahlkarte bei jeder Postanstalt des Deutschen Reichs auf die angegebenen Postscheckkonten begründet werden.

Beitragsentrichtung für die Angestelltenversicherung.

Das Direktorium der Reichsversicherungsanstalt für Angestellte in Berlin-Wilmersdorf hat sich zum Zwecke der Entrichtung der Beiträge für die Angestelltenversicherung beim PSchA. in Berlin 50 Postscheckkonten eröffnen lassen, nämlich je ein Konto für die OPD.-Bezirke im Reichspostgebiet und in Bayern sowie ein Konto für das württembergische Postgebiet.

Die Beiträge sind von den Arbeitgebern zuzuführen:

a) im Reichspostgebiet und in Bayern dem Postscheckkonto, das die Bezeichnung des OPD.-Bezirks trägt, in dem der Wohnort des Arbeitgebers liegt;

b) in Württemberg dem für das württembergische Postgebiet eröffneten Postscheckkonto Nr. 30050.

Zur Einzahlung der Beiträge mit Zahlkarte sind besondere rote Zahlkartenformulare zu benutzen. Bei den einzelnen Postanstalten im Reichspostgebiet und in Bayern werden lediglich Zahlkarten mit dem Vordruck des OPD.-Bezirks vorrätig gehalten, in dem die Postanstalt liegt. Die Postanstalten in Württemberg führen nur Zahlkarten für das Postscheckkonto Nr. 30050. Die Postanstalten geben diese Zahlkarten zum Preise von 5 Pf. für 10 Stück — einzelne Formulare unentgeltlich — ab.

Inhaber von Postscheckkonten können die Beiträge auch durch Überweisung entrichten. Diesen Überweisungen

— und zwar sowohl den Einzelüberweisungen als auch den Sammelüberweisungen — sind bei Übersendung an das PSchA. besondere Gutschriftzettel beizufügen. Der dem Überweisungsformular anhaftende Abschnitt ist deshalb vom Kontoinhaber abzutrennen und zu beseitigen. In den Gutschriftzetteln sind der Name des OPD.-Bezirks, in dem der Wohnort des Arbeitgebers liegt, sowie die Nummer des für diesen Wohnort in Betracht kommenden Postscheckkontos der Reichsversicherungsanstalt für Angestellte in Berlin-Wilmersdorf vorgedruckt.

Die Gutschriftzettel werden in Blocks zu 50 Stück — zum Preise von 10 Pf. für einen Block — vom PSchA. an die Kontoinhaber abgegeben.

Die Zahlkarten und die Gutschriftzettel können auch durch die Privatindustrie hergestellt werden, wenn sie mit dem amtlichen Formular genau übereinstimmen.

Verbindung des Postscheckverkehrs mit dem Reichsbankgiroverkehr.

Der Inhaber eines Postscheckkontos, der auf ein Reichsbankgirokonto eine Zahlung leisten will, kann den Betrag mit einem Überweisungsformular des Postscheckverkehrs von seinem Postscheckkonto auf das Postscheckkonto der Reichsbank*) überweisen. Hierbei hat er auf dem dem Formular anhängenden Abschnitte zu vermerken, welchem Girokonto die Reichsbank den

*) Folgende Reichsbankanstalten haben Postscheckkonten:

	beim PSchA.	unter Nr.
1. Reichsbankhauptkasse Berlin . .	Berlin	98
2. Reichsbankhauptstelle Breslau .	Breslau	2
3. " Cöln . .	Cöln	2
4. " Danzig . .	Danzig	290
5. " Frankfurt (Main)	Frankfurt (M.)	20
6. " Hamburg .	Hamburg	3
7. " Hannover .	Hannover	2
8. Reichsbankstelle Karlsruhe . .	Karlsruhe	420
9. Reichsbankhauptstelle Leipzig . .	Leipzig	2
10. Reichsbankstelle Ludwigshafen (Rhein)	Ludwigshafen	140
11. Reichsbankhauptstelle München .	München	246
12. " Nürnberg .	Nürnberg	355
13. " Stuttgart .	Stuttgart	6

Betrag gutschreiben soll. Es macht dabei keinen Unterschied, an welchem Bankplatze das Reichsbankgirokonto unterhalten wird. Um den Übergang solcher Beträge aus dem Postscheckverkehr auf den Giroverkehr der Reichsbank zu beschleunigen, teilen die PSchÄ. alle derartigen Überweisungen, die ihnen bis gegen Mittag zugehen — der äußerste Zeitpunkt ist von den PSchÄ. zu erfahren —, der Reichsbank noch an demselben Tage mit. Auch die Reichsbank bearbeitet diese Überweisungen mit Beschleunigung, indem sie noch am gleichen Tage die Beträge den Reichsbankgirokonten, die am Platze selbst unterhalten werden, gutschreibt oder sie einer anderen Reichsbankanstalt zur Gutschrift auf dem Konto des Girokunden überweist. Der Kontoinhaber hat Überweisungen, die diesen Weg gehen sollen, auf der Vorderseite links unten unterhalb der Angabe des Ortes und der Zeit der Ausstellung mit dem in roter Tinte geschriebenen Vermerk „Reichsbank" zu versehen.

Beträge, die auf den Postscheckkonten der Reichsbank mit dem Auftrage zur Gutschrift auf das Konto eines Girokontoinhabers eingehen, werden nach Abzug einer Gebühr von $^1/_{10}$ vom Tausend, mindestens von 30 Pf., dessen Girokonto zugeführt.

Der Inhaber eines Postscheckkontos kann einer Reichsbankanstalt, die kein Postscheckkonto hat, einen Betrag zur Gutschrift auf einem Reichsbankgirokonto auch dergestalt überweisen, daß er einen Postscheck ausstellt, die Reichsbank darin als Empfängerin angibt und auf dem mit dem Scheck verbundenen Abschnitte das Reichsbankgirokonto bezeichnet, dem der Betrag gutgeschrieben werden soll.

Eine weitere Möglichkeit, Beträge dem **eigenen** Reichsbankgirokonto zuzuführen, ist dadurch gegeben, daß der Kontoinhaber einen Postscheck ausstellt, sich darin selbst als Empfänger angibt und die Bestellpostanstalt ersucht, die eingehenden

Zahlungsanweisungen durch Übertragung auf sein Reichsbankgirokonto zu begleichen.

Kontoinhaber, die in der Lage sind, ihre Postschecks an der Zahlstelle des PSchA. vorzulegen, können die Abführung von Postscheckgeldern auf ein Reichsbankgirokonto dadurch beschleunigen, daß sie über den abzuführenden Betrag einen Inhaberscheck ausstellen und bei Vorlegung des Schecks an der Zahlstelle des PSchA. das Reichsbankgirokonto bezeichnen, dem der Betrag gutgeschrieben werden soll. (Es empfiehlt sich, den Inhaberscheck mit dem quer über die Vorderseite gesetzten Vermerke „Nur zur Verrechnung" zu versehen, da dann eine Barzahlung des Betrags durch die Zahlstelle des PSchA. ausgeschlossen ist.) Das PSchA. händigt dem Überbringer des Inhaberschecks einen auf das Reichsbankgirokonto des PSchA. lautenden sogenannten roten Reichsbankscheck aus. Diesen Scheck kann der Überbringer sofort an die Reichsbank zur Gutschrift abgeben.

Die Postschecks, die gegen rote Reichsbankschecks eingetauscht werden, können über jeden beliebigen Betrag ausgestellt werden.

Zur Förderung des bargeldlosen Zahlungsausgleichs sind die PSchA. Berlin, Breslau, Cöln, Frankfurt (Main), Hamburg, Hannover, Karlsruhe (Baden), Leipzig und Stuttgart den in diesen Städten befindlichen Abrechnungstellen der Reichsbank als Mitglieder beigetreten*). Die den Abrechnungstellen

---

*) Die bayerischen PSchÄ. in Ludwigshafen (Rhein), München und Nürnberg nehmen durch Vermittelung der an ihrem Sitze befindlichen Königlich Bayerischen Bank am Abrechnungsverkehr mit der Reichsbank teil. Die Postschecks, die in der Abrechnungstelle der Reichsbank verrechnet werden sollen, sind daher durch eine der am Abrechnungsverkehr teilnehmenden Banken der Kgl. Bayerischen Bank zuzuführen.

angehörenden Banken (S. 80) kommen werktäglich mehrere Male (gewöhnlich morgens, mittags und nachmittags) im Gebäude der Reichsbank zusammen, tauschen die für einander vorliegenden Schecks und andere Zahlungspapiere aus und begleichen den nach Gegenüberstellung der Schuld und Forderung verbleibenden Restbetrag im Reichsbankgirowege. Die Bestimmungen für die Abrechnungstelle der Reichsbank zu Berlin, denen die Bestimmungen der anderen Abrechnungstellen inhaltlich gleichen, sind auf S. 75 auszugsweise wiedergegeben. Danach sind für die in die Abrechnungstellen einzuliefernden Postschecks die Vorschriften der PSchO. maßgebend. Die Postschecks — ausgenommen die durch die Abrechnungstelle der Reichsbank in Hamburg zu verrechnenden — müssen mit dem quer über die Vorderseite gesetzten Vermerke „Nur zur Verrechnung" versehen sein und dürfen über jeden beliebigen Betrag lauten. Die Schecks, die in die Abrechnungstelle der Reichsbank in Hamburg eingeliefert werden sollen, dürfen nur bis zu dem in der PSchO. festgesetzten Höchstbetrag ausgestellt werden.

In den Abrechnungstellen werden in erster Linie Inhaberpostschecks verrechnet. Die den Abrechnungstellen angehörenden Banken können in die Abrechnung aber auch Postschecks mit dem Namen des Empfängers (Namenschecks) einliefern, wenn sie schriftlich die Gewähr dafür übernommen haben, daß der Betrag, sofern nicht die Bank selbst im Scheck als Empfängerin angegeben ist, dem Bankkonto des im Namenscheck bezeichneten Empfängers zugeführt wird.

Das Abrechnungsverfahren können sich auch Inhaber eines Postscheckkontos zunutze machen, die ein Konto bei einer den bezeichneten Abrechnungstellen der Reichsbank angehörenden Bank oder bei einer solchen Bank haben, die mit einer dieser Banken in Verbindung steht, indem sie ihre Postschecks ihrer

Bank zur Einlösung und zur Gutschrift auf ihrem Bankkonto übergeben.

Inhaber von Reichsbankgirokonten, die auch ein Postscheckkonto unterhalten, können bei sämtlichen Reichsbankanstalten durch Einreichung eines in nachstehender Fassung ausgefüllten roten Reichsbankschecks beantragen, Teile ihres Giroguthabens auf ihr **eigenes** Postscheckkonto zu überweisen:

„Die Reichsbank wolle $\frac{\text{meinem}}{\text{unserem}}$ Postscheckkonto Nr. . . . . . in . . . . M . . . . . gutschreiben lassen und dafür belasten das Konto von . . . .

(Unterschrift des Girokontoinhabers)."

Diese Überweisungen werden kostenfrei ausgeführt, soweit die Bestände des Postscheckkontos der Reichsbank dazu ausreichen, was voraussichtlich stets der Fall sein wird, andernfalls werden die für Einzahlungen im Postscheckverkehr (PSchG. § 5) zu entrichtenden Gebühren nachträglich eingezogen.

Anträge auf Überweisung von Reichsbankgirokonto auf **andere** Postscheckkonten sind auf Formularen, die die Reichsbank zur Verfügung stellt, mit einem roten Reichsbankscheck in folgender Fassung einzureichen:

„Die Reichsbank wolle im Postscheckverkehr überweisen lassen laut Anlage M . . . . . und dafür belasten das Konto von . . . ."

Die Aufträge werden gegen eine Gebühr von $^1/_5$ vom Tausend, mindestens 50 Pf. für jede Überweisung, ausgeführt.

Es ist auch gestattet, die Postscheckkonten durch Einzahlungen mit Zahlkarte aufzufüllen und diese Einzahlungen ebenso wie die Einzahlungen auf Postanweisungen durch rote Schecks auf die Reichsbank zu begleichen.

Die Reichsbank vermittelt für ihre Girokunden auf Wunsch auch Zahlungen aus deren Giroguthaben an Personen, die kein Postscheckkonto haben, in der Weise, daß sie das PSchA. beauftragt, den Betrag durch Zahlungsanweisung auszuzahlen. Die Anträge sind von den Girokunden auf Formularen, die von der Reichsbank erhältlich sind, mit einem roten Reichsbankscheck in folgender Fassung einzureichen:

„Die Reichsbank wolle im Postscheckverkehr zahlen lassen laut Anlage M . . . . . . und dafür belasten das Konto von . . . ."

Die Reichsbank führt diese Aufträge gegen eine Gebühr von $^1/_5$ vom Tausend, mindestens 50 Pf., für jede Zahlung aus.

Auszug aus den Bestimmungen
für die Abrechnungstelle der Reichsbank zu Berlin.

I.

Abkommen vom 14. Februar 1883

(in der vom 9. Mai 1911 ab geltenden Fassung).

A. Hinsichtlich der Abrechnungstelle ist folgendes vereinbart:

1. Die Abrechnungstelle soll im Reichsbankgebäude eingerichtet werden. Die Leitung und Aufsicht derselben wird unter Mitwirkung der beteiligten Bankhäuser dem Reichsbankdirektorium unterstellt.
2. Die Abrechnung wird sich auf Schecks, Anweisungen und diejenigen Wechsel (Akzepte und Domizile) beschränken, welche die Teilnehmer gegenseitig abrechnen wollen.
3. Die Abrechnung erfolgt unmittelbar zwischen den Beteiligten, die schließliche Ausgleichung durch Zu- und Abschreibungen auf den betreffenden Girokonten bei der Reichsbank.
4. Die Einlieferung eines Papiers (Nr. 2) in die Abrechnungstelle gilt als gehörige Präsentation zur Zahlung, die Ausgleichung im Abrechnungsverfahren als Zahlung im Sinne des bürgerlichen Rechts.
5. Die Mitglieder können sich durch einen zu dem Behufe bezeichneten Beamten oder durch ein anderes Mitglied bzw. dessen Beamten bei den täglichen Abrechnungen vertreten lassen.

6. Den Geschäftsgang bei den Abrechnungen regelt die Geschäftsordnung.

B. Rücksichtlich des Scheckverkehrs einigte man sich über folgende Maßnahmen:

1. Auf einen bestimmten Zahlungsempfänger gestellte Schecks, deren Übertragung durch die Worte „Nicht an Order" oder durch einen gleichbedeutenden Zusatz untersagt ist, sind von der Abrechnung ausgeschlossen.

   Jeder Scheck soll links oben die laufende Nummer, rechts oben den Betrag in Zahlen enthalten (s. Nr. 6).

2. Falls ein in die Abrechnung eingelieferter Scheck nicht eingelöst wird, hat der Bezogene auf Antrag des Einlieferers die in § 16 Absatz 1 Nr. 1 des Scheckgesetzes vorgesehene Erklärung abzugeben.

   Sollte diese Erklärung vom Bezogenen nicht zu erlangen sein, so wird die Abrechnungstelle nach Führung des erforderlichen Nachweises die im § 16 Absatz 1 Nr. 2 des Scheckgesetzes vorgesehene Bescheinigung ausstellen.

3. Die Mitglieder werden darauf halten, daß Schecks auf sie von ihren Kunden nur auf Grund eines den Vorschriften des Scheckgesetzes entsprechenden Guthabens gezogen werden, und den Verkehr mit solchen Kunden abbrechen, welche hiergegen verstoßen.

4. Die Mitglieder verpflichten sich, Schecks auf die übrigen Teilnehmer der Abrechnungstelle nicht bloß von ihren Kunden, sondern auch von anderen hiesigen Bankhäusern anzunehmen, um die Ausgleichung im Abrechnungsverfahren provisionsfrei zu besorgen.

5. Die Mitglieder werden ihre Kunden auf die für sie und das Gemeinwesen mit der Scheckeinrichtung verbundenen Vorteile durch Zirkular und andere geeignete

Mittel aufmerksam machen und sich erbieten, die Scheckformulare und andere Drucksachen (Gegenbücher usw.) unentgeltlich zu verabfolgen (s. Nr. 6).

6. Für die Postschecks sind die Bestimmungen der Postscheckordnung maßgebend. Das Postscheckamt ist befugt, Postschecks, die nicht gemäß § 14 des Scheckgesetzes mit dem Vermerk „Nur zur Verrechnung" versehen sind, zurückzuweisen.

II.

Geschäftsordnung.

I. Die Reichsbank wie die übrigen Mitglieder der Abrechnungsstelle entsenden werktäglich zur bestimmten Zeit (s. Nr. III, IV, VIII) einen legitimierten Vertreter zur Abrechnungsstelle, auch wenn sie keine Papiere einzuliefern haben.

II. Die zur Abrechnung bestimmten Papiere müssen geordnet und mit dem Firmenstempel des betreffenden Hauses versehen, Wechsel und Anweisungen auch gehörig quittiert sein.

Akzepte von Mitgliedern der Abrechnungsstelle — mit Ausnahme der staatlichen Institute — und Orderschecks bedürfen der handschriftlichen Quittung nicht, sondern können mit dem Stempelaufdruck

Inhalt durch Abrechnung empfangen
Firma
(ohne Unterschriften)

in die Abrechnung gegeben werden.

Für Schecks, welche auf den Inhaber oder Überbringer lauten oder welche keine Angabe darüber, an wen zu zahlen ist, enthalten, kann eine Quittung nicht verlangt werden.

In den Fällen der Absätze 2 und 3 bleibt der einlösenden Firma vorbehalten, nachträglich eine ordnungsmäßig handschriftlich vollzogene Quittung vom Einreicher zu verlangen.

III. Die Abrechnungstelle wird um $8^3/_4$ Uhr morgens geöffnet. Um 9 Uhr haben sämtliche Vertreter ihre Plätze einzunehmen. Jeder Vertreter übergibt den Vertretern der zahlungspflichtigen Häuser die betreffenden Papiere mit je einem, die Beträge einzeln aufführenden summierten Verzeichnis und einem Schema zu dem nur die Endsumme enthaltenden Empfangsbekenntnis, welches nach erfolgter Prüfung von dem Empfänger vollzogen und dem Einliefernden zurückgegeben wird.

Die Stückzahl der an die anderen abgelieferten Papiere sowie die Summen der Verzeichnisse sind von einem jeden in die Debetkolonne des Abrechnungsblattes tunlichst schon vor der Einlieferung einzutragen, während in die Kreditkolonne nur die Summen der empfangenen Papiere zu verzeichnen sind.

IV. Nach geschlossener Einlieferung begeben sich die Vertreter mit den empfangenen Papieren nach Hause, um dort die Prüfung derselben vornehmen zu lassen. Um $12^1/_2$ Uhr nachmittags finden sich dieselben wieder ein. Es folgt nun die Rücklieferung der beanstandeten Papiere, welchen je ein den Beanstandungsgrund ergebender Zettel angeheftet sein muß, mit Spezialverzeichnis.

Die Rücklieferungen werden wie umgekehrte Einlieferungen behandelt, sind aber mit dem Zusatz R im Abrechnungsblatt zu versehen. Die um $12^1/_2$ Uhr nicht zurückgelieferten Papiere gelten als anerkannt.

V. Neue Einlieferungen sind ebenfalls um $12^1/_2$ Uhr statthaft. Dieselben sind in den Verzeichnissen und Empfangsbekenntnissen als „zweite Lieferung" zu bezeichnen und sonst nach Nr. III, IV zu behandeln.

VI. Um 4 Uhr nachmittags findet eine letzte Zusammenkunft statt. Soweit Papiere der „zweiten Lieferung" hierbei nicht zurückgeliefert werden, gelten sie als anerkannt. Neue Einlieferungen sind unzulässig.

VII. Jeder Vertreter summiert die Debet- und Kreditkolonne seines Abrechnungsblattes und ermittelt durch Saldieren des letzteren, was sein Haus im ganzen (der Gesamtheit der Abrechnenden gegenüber) schuldet bzw. zu fordern hat. Über den Saldo stellt er eine Anweisung an das Girokontor der Reichshauptbank auf dem Abrechnungsblatt und wörtlich gleichlautend auf einem besonderen Zettel aus, welchen er dem Vorsteher mit dem Abrechnungsblatt übergibt.

VIII. Der Vorsteher trägt die Saldi der Abrechnungsblätter in ein Bilanzblatt, welches nach erfolgter Berichtigung etwaiger Rechnungsirrtümer im Kredit und Debet bei der Summierung übereinstimmen muß, vergleicht damit die Anweisungen, visiert diese und die Abrechnungsblätter und stellt fest, ob die Giroguthaben der Mitglieder zur Deckung der etwaigen Debetsaldi ausreichen.

Bejahendenfalls visiert er das Bilanzblatt, gibt die Abrechnungsblätter zurück und schließt die Abrechnung, worauf die Vertreter die Abrechnungstelle verlassen dürfen. Demnächst übergibt er das Bilanzblatt dem Girokontor der Reichshauptbank, welches danach die nötigen Buchungen auf den Konten der Mitglieder und der Abrechnungstelle vornimmt.

Mitglieder der Abrechnungstellen der Reichsbank

1. in Berlin.

Bank des Berliner Kassen-Vereins, Bank für Handel und Industrie, Berliner Handels-Gesellschaft, S. Bleichröder, Commerz- und Disconto-Bank, Delbrück, Schickler & Co., Deutsche Bank, Direktion der Disconto-Gesellschaft, Dresdner Bank, C. N. Engelhard, F. W. Krause & Co. Bankgeschäft, Mendelssohn & Co., Mitteldeutsche Creditbank, Nationalbank für Deutschland, Kaiserliches Postscheckamt, Preußische Central-Genossenschaftskasse, Reichshauptbank, A. Schaaffhausen'scher Bankverein, Gebrüder Schickler, Königliche Seehandlung (Preußische Staatsbank).

2. in Breslau.

Bank für Handel und Industrie, Filiale Breslau, vormals Breslauer Diskonto-Bank, Dobersch & Bielschowsky, Dresdner Bank Filiale Breslau, Eichborn & Co., Gebr. Guttentag, E. Heimann, Marcus Nelken & Sohn, Oppenheim & Schweitzer, G. v. Pachaly's Enkel, Kaiserliches Postscheckamt, Prinz & Marck jr., Reichsbankhauptstelle, Schlesische Handelsbank. Akt.-Ges., Schlesische Landschaftl. Bank zu Breslau, Schlesischer Bank-Verein.

3. in Cöln.

Barmer Bankverein, Hinsberg, Fischer & Co. Cöln, Bergisch-Märkische Bank Cöln, Deichmann & Co., L. Heß

& Söhne, Sal. Oppenheim jr. & Co., Kaiserliches Postscheckamt, Reichsbankhauptstelle, Rheinisch-Westfälische Disconto-Gesellschaft Cöln, A.-G., A. Schaaffhausen'scher Bankverein, Leopold Seligmann, Siegfried Simon, J. H. Stein.

4. in Frankfurt (Main).

Allg. Elsäß. Bankgesellsch. Filiale Frankfurt a. M., Deutsche Bank Filiale Frankfurt a. M., Deutsche Effecten- und Wechselbank, Deutsche Vereinsbank, Direktion der Disconto-Gesellschaft, Dresdner Bank in Frankfurt a. M., J. Dreyfus & Co., Filiale der Bank für Handel und Industrie, Frankfurter Bank, Frankfurter Gewerbekasse E. G. m. b. H., Joh. Goll & Söhne, Grunelius & Co., Georg Hauck & Sohn, E. Ladenburg, B. Metzler seel. Sohn & Cons., Mitteldeutsche Creditbank, D. & J. de Neufville, Pfälzische Bank, Kaiserliches Postscheckamt, Reichsbankhauptstelle, Lazard Speyer-Ellissen, Jacob Isaac Weiller Söhne, L. & E. Wertheimber, Ernst Wertheimber & Co.

5. in Hamburg.

Bank für Handel und Industrie, Filiale Hamburg, Commerz- und Disconto-Bank, Deutsche Bank Filiale Hamburg, Dresdner Bank in Hamburg, Norddeutsche Bank in Hamburg, Kaiserliches Postscheckamt, Reichsbankhauptstelle, Vereinsbank in Hamburg.

6. in Hannover.

Bank für Handel und Industrie, Filiale Hannover, Hermann Bartels, Commerz- und Disconto-Bank, Filiale Hannover, Dresdner Bank Filiale Hannover, Hannoversche Bank, Adolph Meyer, Ephraim Meyer & Sohn, Mitteld. Creditbank, Fil. Hannover, vorm. Heinr. Narjes, Kaiserliches Postscheckamt,

Reichsbankhauptstelle, A. Spiegelberg, Vereinsbank in Hamburg Filiale Hannover.

7. in Karlsruhe (Baden).

Filiale der Badischen Bank, Veit L. Homburger, Kaiserliches Postscheckamt, Reichsbankstelle, Rheinische Creditbank Filiale Karlsruhe, Alfred Seeligmann & Co., Straus & Co., Süddeutsche Disconto-Gesellschaft A.-G., Vereinsbank Karlsruhe E. G. m. b. H.

8. in Leipzig.

Allg. Deutsche Credit-Anstalt (zugl. f. d. Abteil. Becker & Co.), Bank für Handel und Industrie, Filiale Leipzig, Bruhm & Schmidt, Commerz- und Diskonto-Bank, Filiale Leipzig, Deutsche Bank Filiale Leipzig, Dresdner Bank in Leipzig, Filiale der Sächsischen Bank zu Dresden, Frege & Co., Hammer & Schmidt, Knauth, Nachod & Kühne, George Meyer, Meyer & Co., Mitteld. Privat-Bank. Akt.Ges. Filiale Leipzig, H. C. Plaut, Kaiserliches Postscheckamt, Privatbank zu Gotha, Filiale Leipzig, Reichsbankhauptstelle, Vetter & Co.

9. in Stuttgart.

Allg. Renten-Anstalt zu Stuttgart. Lebens- und Rentenvers.-Verein a. G., Doertenbach & Co. G. m. b. H., Dresdner Bank. Filiale Stuttgart, Hartenstein & Co. Bankcommandite, Paul Kapff, G. H. Keller's Soehne, Königl. Württemb. Postscheckamt, Reichsbankhauptstelle, Stahl & Federer, Act.-Ges., Württembergische Bankanstalt vormals Pflaum & Co., Königl. Württemb. Hofbank. G. m. b. H., Württemb. Notenbank, Württemb. Vereinsbank.

10. in Mannheim.

Badische Bank, Bank für Handel und Industrie. Filiale Mannheim, Dresdner Bank. Filiale Mannheim, Königl. Filialbank in Ludwigshafen a. Rh.*), H. L. Hohenemser & Söhne, Mannheimer Bank A.-G., Pfälzische Bank, Reichsbankhauptstelle, Rheinische Creditbank, Süddeutsche Bank. Abteilung der Pfälzischen Bank, Süddeutsche Disconto-Gesellschaft A.-G.

11. in München.

Bank für Handel und Industrie. Filiale München, Bayer. Handelsbank, Bayer. Hypotheken- und Wechselbank, Bayer. Notenbank, Bayer. Vereinsbank, Deutsche Bank Filiale München, Dresdner Bank. Filiale München, Königl. Filialbank in München**), Merck, Finck & Co., Mitteldeutsche Creditbank, Niederlassung München, Münchener Industriebank e. G. m. b H., Pfälzische Bank. Filiale München, Reichsbankhauptstelle.

12. in Nürnberg.

Bank für Handel und Industrie. Filiale Nürnberg, Bayerische Disconto- & Wechselbank A. G., Bayerische Notenbank Filiale Nürnberg, Bayerische Vereinsbank. Filiale Nürnberg, Deutsche Bank Filiale Nürnberg, Dresdner Bank. Filiale Nürnberg, Königliche Hauptbank in Nürnberg***), Anton Kohn, Mitteldeutsche Creditbank. Filiale Nürnberg, Pfälzische Bank, Reichsbankhauptstelle, Vereinsbank.

---

*) Dieser Bank sind die auf das PSchA. in Ludwigshafen (Rhein) lautenden Postschecks in der Abrechnungstelle der Reichsbank zuzuführen.

**) Dieser Bank sind die auf das PSchA. in München lautenden Postschecks in der Abrechnungstelle der Reichsbank zuzuführen.

***) Dieser Bank sind die auf das PSchA. in Nürnberg lautenden Postschecks in der Abrechnungstelle der Reichsbank zuzuführen.

Internationaler Postgiroverkehr.

Ein Postgiroverkehr ist zwischen dem Deutschen Reich, Österreich, Ungarn, der Schweiz, Belgien und Luxemburg auf Grund des auf S. 86 auszugsweise wiedergegebenen Übereinkommens eingerichtet. Hiernach kann jeder Inhaber eines Scheckkontos bei einem deutschen PSchA. Beträge auf ein Scheckkonto bei dem k. k. Postsparkassenamt in Wien oder der Königlich Ungarischen Postsparkasse in Budapest oder den schweizerischen Postscheckbureaus oder dem Königlich Belgischen PSchA. in Brüssel oder dem großherzoglichen PSchA. in Luxemburg überweisen; ebenso kann der Inhaber eines Scheckkontos, das bei einer dieser ausländischen Verwaltungen geführt wird, Überweisungen auf ein deutsches Postscheckkonto in Auftrag geben.

1. Verfahren.

Zu den Überweisungsaufträgen nach dem Auslande benutzen die Kontoinhaber die gleichen Überweisungsformulare wie im inländischen Verkehr. Der Betrag ist im Verkehr mit Luxemburg lediglich in der Reichswährung anzugeben, während er im Verkehr mit den übrigen Ländern in der Reichswährung oder — unter entsprechender Änderung des Vordrucks „..... M .... Pf." — in der Währung des Bestimmungslandes angegeben werden kann.

Die Abschnitte der Überweisungsformulare dürfen zu Mitteilungen an den Empfänger benutzt werden, ausgenommen im Verkehr mit Österreich und Ungarn.

Aufträge zu Barauszahlungen werden im Verkehr mit dem Auslande nicht ausgeführt.

2. Umrechnungskurs.

Der Kurs, nach welchem die Überweisungen nach dem Auslande aus der Reichswährung in die fremde Währung umzurechnen sind, wird vom Reichspostamt in Berlin unter Anlehnung an die Notierungen der Börse festgesetzt und durch Schalteraushang bei den PSchÄ., in dem in Berlin erscheinenden Hertelschen Coursbericht sowie in den Börsen- und Handelsteilen verschiedener Zeitungen bekanntgemacht. Die PSchÄ. teilen den Kontoinhabern auf Anfrage den Umrechnungskurs mit. Der Kurs, zu dem eine Überweisung ausgeführt worden ist, wird auf dem für den Auftraggeber bestimmten Lastschriftzettel vom PSchA. vermerkt. Im deutsch-luxemburgischen Verkehr wird nur die Reichswährung angewandt; die Gut- und Lastschrift erfolgt bei dem PSchA. in Luxemburg in der Frankenwährung nach dem festen Kurse von 1 Fr. = 80 Pf.

3. Gebühren.

Der Auftraggeber hat für Überweisungen nach dem Auslande eine Gebühr von 5 Pf. für je 100 M oder einen Teil dieser Summe, mindestens aber 20 Pf., zu entrichten.

Für Überweisungen vom Auslande hat der Gutschriftempfänger in Deutschland keine Gebühr zu zahlen.

4. Verzeichnisse der Kontoinhaber.

Die von den ausländischen Verwaltungen herausgegebenen Verzeichnisse ihrer Kontoinhaber können durch jedes deutsche PSchA. bezogen werden.

Auszug aus dem Übereinkommen,

das wegen des Postgiroverkehrs **zwischen den drei deutschen Postverwaltungen,** und zwar

der Kaiserlichen Reichspostverwaltung,
der Königlich Bayerischen Postverwaltung
und der Königlich Württembergischen Postverwaltung

und

1. **dem k. k. Österreichischen Postsparkassenamt in Wien,**
2. **der Königlich Ungarischen Postsparkasse in Budapest,**
3. **der Schweizerischen Postverwaltung,**
4. **der Königlich Belgischen Postverwaltung,**
5. **der Großherzoglich Luxemburgischen Finanzverwaltung**

geschlossen worden ist.

§ 1.

Gegenstand des Übereinkommens.

Jeder Inhaber eines Scheckkontos bei einer der drei deutschen Postverwaltungen kann von seinem Konto Beträge auf ein Scheckkonto bei de . . . (folgt Bezeichnung der ausländischen Verwaltung) überweisen, und ebenso kann jeder Inhaber eines Scheckkontos bei de . . . (folgt Bezeichnung der ausländischen Verwaltung) von seinem Konto Beträge auf ein Konto bei einem deutschen Postscheckamt überweisen.

Jede der beteiligten Verwaltungen behält sich vor, einen Höchstsatz festzusetzen, bis zu dem ein Kontoinhaber an einem Tage Überweisungen in Auftrag geben kann[1]).

[1]) Ein Höchstsatz ist von keiner Verwaltung festgesetzt.

§ 2.

Vermittelungsdienststellen.

Die beteiligten Postverwaltungen werden im gegenseitigen Einverständnisse die Dienststellen bestimmen, welche die Überweisungen zu vermitteln haben.

§ 3.

Verfahren.

Die Vermittelungsdienststellen teilen sich die Überweisungen werktäglich wenigstens einmal durch Girolisten mit. In den Listen werden die Beträge der einzelnen Überweisungen in der Währung des Bestimmungslandes[1]) angegeben.

Die Gutschriftempfänger werden von jeder Verwaltung nach den inländischen Vorschriften benachrichtigt[2]).

[1]) Im Übereinkommen mit Luxemburg heißt es statt „des Bestimmungslandes" „des Deutschen Reichs".

[2]) In den Übereinkommen mit der Schweiz, Belgien und Luxemburg hat der zweite Absatz folgende Fassung:

„Den Girolisten werden kleine Zettel, auf denen der Betrag der Überweisung, die Kontonummer und die Bezeichnung des Auftraggebers sowie des Gutschriftempfängers angegeben sind, zur Weitergabe an den Empfänger beigefügt. Die Rückseite kann zu Mitteilungen an diesen benutzt werden. Den von einem deutschen Postscheckamt angefertigten Listen können an Stelle besonderer Zettel die Abschnitte der Überweisungsformulare beigefügt werden. Die Zettel oder Abschnitte werden dem Empfänger gebührenfrei zugestellt."

§ 4.

Überweisungsbedingungen.

Jeder Verwaltung bleibt überlassen, für ihre Kontoinhaber den Umrechnungskurs[1]), die besondere Vergütung für die Überweisung und die sonstigen Überweisungsbedingungen festzusetzen. Jedoch darf eine solche Vergütung den Satz von $^1/_2$ vom Tausend nicht überschreiten. Es ist zulässig, für die Vergütung Mindestsätze bis zu 20 Pfennig[2]) oder 25 Heller[3]) oder 25 Centimen[4]) zu bestimmen und Beträge kleinster Münzeinheit auf die nächste durch 5 teilbare Zahl aufzurunden.

Für die Gutschrift der Beträge dürfen keine höheren Vergütungen als die erhoben werden, denen die inländischen Girogutschriften unterliegen.

[1]) Im Übereinkommen mit Luxemburg fehlt die Angabe „den Umrechnungskurs".

[2]) Im Deutschen Reich. [3]) In Österreich und Ungarn.

[4]) In der Schweiz, Belgien und Luxemburg.

§ 5.

Widerruf.

Die Aufträge zu Überweisungen können vom Kontoinhaber widerrufen werden, solange die Gutschrift auf dem Konto noch nicht vollzogen ist.

Der Widerruf muß an die überweisende Verwaltung gerichtet werden. Die Voraussetzungen, unter denen Aufträge zu Überweisungen widerrufen werden können, regeln sich nach den im inländischen Verkehr geltenden Vorschriften.

§ 7.

Gewährleistung.

Jede Verwaltung hat den in ihrem Bereiche verursachten Schaden zu vertreten.

Ist der Schaden durch Verschulden mehrerer Verwaltungen entstanden, so haftet jede Verwaltung nur für den in ihrem Bereiche verursachten Schaden. Ist eine solche Unterscheidung nicht möglich oder kann nicht ermittelt werden, bei welcher Verwaltung der Schaden verursacht ist, so ist dieser von den beteiligten Verwaltungen zu gleichen Teilen zu ersetzen.

Die Frage, ob und inwieweit eine Verwaltung für die Durchführung der Überweisungen haftet, richtet sich in allen Fällen nach den im inländischen Verkehr geltenden Vorschriften.

§ 8.

Verzeichnis der Kontoinhaber.

Die Verwaltungen werden für ihre Kontoinhaber den Bezug der von den anderen Verwaltungen herausgegebenen Verzeichnisse der Teilnehmer zum festgesetzten Preise vermitteln.

§ 10.

Zeitpunkt des Inkrafttretens.

Der wechselseitige Postgiroverkehr tritt mit dem[1]) . . . . in Wirksamkeit.

[1]) Der Postgiroverkehr mit Österreich, Ungarn und der Schweiz ist am 1. Februar 1910, mit Belgien am 1. November 1910 und mit Luxemburg am 1. Januar 1912 eröffnet worden. Im Verkehr mit Belgien konnten von den deutschen Kontoinhabern zunächst nur Überweisungen für solche Personen in Auftrag gegeben werden, die ein Konto bei der Belgischen Nationalbank in Brüssel unterhielten. Am 16. April 1913, dem Tage der Einführung des Postscheckverkehrs in Belgien, wurde jedoch ein Überweisungsverkehr zwischen Inhabern von Postscheckkonten in Deutschland und in Belgien eingerichtet.

Scheckgesetz.

Vom 11. März 1908.

(RGBl. Nr. 12 für 1908, S. 71—77.)

Wir Wilhelm, von Gottes Gnaden Deutscher Kaiser, König von Preußen rc. verordnen im Namen des Reichs, nach erfolgter Zustimmung des Bundesrats und des Reichstags, was folgt:

§ 1.

Der Scheck muß enthalten:

1. die in den Text aufzunehmende Bezeichnung als Scheck oder, wenn der Scheck in einer fremden Sprache ausgestellt ist, einen jener Bezeichnung entsprechenden Ausdruck in der fremden Sprache;
2. die an den Bezogenen gerichtete Anweisung des Ausstellers, aus seinem Guthaben eine bestimmte Geldsumme zu zahlen;
3. die Unterschrift des Ausstellers;
4. die Angabe des Ortes und des Tages der Ausstellung.

Vorbemerkung.

Der Postscheck unterliegt im allgemeinen den Bestimmungen des Scheckgesetzes. Von dem im Bankverkehr üblichen Scheck unterscheidet er sich in der Hauptsache dadurch, daß er nicht die Überbringerklausel enthält und nicht indossiert werden darf.

Im nachstehenden ist das Scheckgesetz nur insoweit erläutert worden, als es für das Verständnis des Postscheckwesens erforderlich erschien.

Zu § 1.

Das Gesetz nimmt angesichts der Schwierigkeit, eine unzweideutige, das Wesen des Schecks sicher und vollinhaltlich wiedergebende Begriffsbestimmung zu geben, von einer solchen Abstand. Es beschränkt sich nach dem Vorgange der WO. darauf, die Erfordernisse vorzuschreiben, welche notwendig sind, damit einer Urkunde die Eigenschaft als Scheck im Sinne des Gesetzes zukommt.

Im § 1 handelt es sich um wesentliche Erfordernisse des Schecks. **Beim Fehlen eines der unter Ziff. 1 bis 4 vorgeschriebenen Merkmale liegt kein Scheck im Sinne dieses Gesetzes vor. Die Urkunde kann aber als Anweisung oder in anderer Hinsicht Rechtswirkungen äußern.**

Zu Ziff. 1. Der Scheck muß im Texte die sogenannte Scheckklausel enthalten. In den Postschecks ist diese Klausel durch den Vordruck „gegen diesen Scheck" ausgedrückt.

Zu Ziff. 2. Der Aussteller muß den Bezogenen zur Zahlung einer bestimmten Geldsumme aus seinem Guthaben anweisen. Als Bezogener ist nach § 2 des Scheckgesetzes auch jedes deutsche PSchA. anzusehen. Da der Bezogene zur Zahlung einer bestimmten Geldsumme angewiesen wird, fallen die Überweisungen des Postscheckverkehrs, welche die Übertragung einer bestimmten Summe vom Postscheckkonto des Ausstellers auf ein anderes Postscheckkonto bezwecken, ebenso wie die sogenannten roten Reichsbankschecks nicht unter das Scheckgesetz. In den Überweisungen fehlt daher auch die Scheckklausel. Der Höchstbetrag, über den ein Postscheck ausgestellt werden darf, wird durch die PSchO. festgesetzt. Über eine höhere als die in der PSchO. festgesetzte Geldsumme dürfen Sammelschecks und solche Postschecks lauten, die mit oder ohne den Vermerk „Nur zur Verrechnung" an der Zahlstelle des

PSchA. gegen rote Reichsbankschecks eingetauscht oder mit dem Vermerke „Nur zur Verrechnung" in die Abrechnungstelle der Reichsbank eingeliefert werden (§ 14).

Unter die wesentlichen Erfordernisse der Scheckurkunde ist die Guthabenklausel aufgenommen worden, denn es wird zur strengen Beobachtung des Grundsatzes, daß ungedeckte Schecks nicht ausgestellt werden dürfen, immer beitragen, wenn der Aussteller in der von ihm zu vollziehenden Urkunde die Zahlung ausdrücklich aus seinem Guthaben versprechen und sich deshalb gewärtig halten muß, daß er sich im Falle der Unrichtigkeit seiner Zusicherung steuerlichen Nachteilen, unter Umständen der Bestrafung wegen Betrugs, aussetzt.

Zu Ziff. 3. Bei Postschecks ist die Unterschrift stets handschriftlich abzugeben, für die Zeichnung sind Tinte und Tintenstift zugelassen. Durch Druck oder Stempel darf die Unterschrift nicht hergestellt werden.

Zu Ziff. 4. Die Angabe des Ortes der Ausstellung ist ebenso wie die des Ausstellungstags für die Bestimmung der Vorlegungsfrist wesentlich. Schecks, welche kein Datum tragen, können keine Schecks im Sinne dieses Gesetzes sein, da bei ihnen jeder Anhaltspunkt für die Berechnung der Vorlegungsfrist fehlt. Schecks, welche vor dem auf ihnen angegebenen Ausstellungstag in den Verkehr gebracht sind, sogenannte vordatierte Schecks, genügen an sich den Vorschriften des Gesetzes, da sie einen Ausstellungstag, allerdings nicht den wirklichen, tragen, und sind deshalb gültig. Das Gesetz knüpft an die unrichtige Datierung keine strafrechtlichen Folgen, entzieht solchen Schecks aber die Stempelvergünstigung, den Postschecks die Stempelfreiheit. Dies rechtfertigt sich dadurch, daß durch Vordatierung die für den Scheck vorgeschriebene kurze Vorlegungsfrist umgangen und eine den Absichten des Gesetzes widersprechende Verlängerung der Umlaufszeit ermöglicht wird, wodurch der Scheck zum Kreditpapier entartet und in das Gebiet des Wechsels, der steuerpflichtig ist, hinübergreift.

Vordatierte Postschecks, die beim Bezogenen (PSchA.) vor dem Ausstellungstag eingehen, werden nicht eingelöst.

Zurückdatierte Schecks, also solche Schecks, die erst nach ihrem angeblichen Ausstellungstag in den Verkehr gebracht werden, bieten keine Besonderheiten und ziehen keine Folgen stempelrechtlicher Natur nach sich.

§ 2.

Als Bezogene sollen nur bezeichnet werden:

1. **diejenigen Anstalten des öffentlichen Rechtes, diejenigen unter staatlicher Aufsicht stehenden Anstalten sowie diejenigen in das Genossenschaftsregister eingetragenen Genossenschaften, welche sich nach den für ihren Geschäftsbetrieb maßgebenden Bestimmungen mit der Annahme von Geld und der Leistung von Zahlungen für fremde Rechnung befassen, ferner die unter amtlicher Aufsicht stehenden Sparkassen, wenn sie die nach Landesrecht für sie geltenden Aufsichtsbestimmungen erfüllen;**
2. **die in das Handelsregister eingetragenen Firmen, welche gewerbsmäßig Bankiergeschäfte betreiben.**

Der § 2 des Gesetzes enthält besondere Vorschriften darüber, wer als Scheckbezogener benannt werden darf (passive Scheckfähigkeit).

Unter die Anstalten, welche schon gemäß der Ziff. 1 unabhängig von den Erfordernissen der Ziff. 2 als Bezogene benannt werden können, fallen auch die Veranstaltungen der Postverwaltungen des Deutschen Reichs (Reichspostverwaltung, Königl. Bayerische und Königl. Württembergische Postverwaltung), also die deutschen Postscheckämter.

§ 3.

Als Guthaben ist der Geldbetrag anzusehen, bis zu welchem der Bezogene nach dem zwischen ihm und dem Aussteller bestehenden Rechtsverhältnisse Schecks einzulösen verpflichtet ist.

Nach dieser Vorschrift ist es nicht notwendig, daß ein bestimmter Barbetrag vom Aussteller beim Bezogenen niedergelegt worden ist. Das Guthaben kann ebensowohl durch Einzahlungen Dritter, durch diskontierte Wechsel, Lombardierung von Wertpapieren usw. entstanden sein. Auch ein Darlehen des Bezogenen an den Aussteller, dessen Betrag mit Scheck ratenweise abgehoben wird, die Gewährung eines ungedeckten Kredits oder die Akkreditierung des Ausstellers beim Bezogenen durch einen Dritten kann zugrunde liegen. Für die Sicherheit des Scheckverkehrs kommt es allein darauf an, daß der Bezogene nach dem Inhalte des zwischen ihm und dem Aussteller bestehenden Rechtsverhältnisses dem Aussteller gegenüber den Scheck einzulösen verpflichtet ist.

Im Postscheckverkehr ist im Sinne des § 3 als Guthaben der Geldbetrag anzusehen, der die Stammeinlage von 50 M übersteigt (PSchG. § 2).

§ 4.

Als Zahlungsempfänger kann entweder eine bestimmte Person oder Firma oder der Inhaber des Schecks angegeben werden. Der Aussteller kann sich selbst als Zahlungsempfänger bezeichnen.

Sind dem Namen oder der Firma des Zahlungsempfängers die Worte „oder Überbringer“ oder ein gleichbedeutender Zusatz beigefügt oder enthält der Scheck keine Angabe darüber, an wen zu zahlen ist, so gilt er als auf den Inhaber gestellt.

Das Gesetz sieht folgende Arten von Schecks vor:

1. Rektascheck zugunsten einer bestimmten Person,
2. Orderscheck an Order einer bestimmten Person,
3. Inhaberscheck an jeden Inhaber:
   a) mit der reinen Inhaberklausel,
   b) mit der alternativen Inhaberklausel (an X oder Überbringer bzw. an X oder Inhaber),
   c) ohne Bezeichnung des Zahlungsempfängers.

Zu 1. Ein Rektascheck ist ein solcher auf einen bestimmten Zahlungsempfänger gestellter Scheck, bei dem der Aussteller die Übertragung durch die Worte „Nicht an Order" oder einen gleichbedeutenden Zusatz untersagt hat. Rektaschecks sind in Deutschland wenig im Gebrauch.

Zu 2. Ein Orderscheck ist ein solcher Scheck, in dem eine bestimmte Person oder Firma als Zahlungsempfänger angegeben ist. Es ist nicht erforderlich, daß der auf einen bestimmten Zahlungsempfänger lautende Scheck die Orderklausel enthält, da ein derartiger Scheck nach § 8 des Scheckgesetzes auch ohne die Orderklausel durch Indossament übertragen werden kann. Die Vorschrift im zweiten Satz des Abs. 1, daß der Aussteller sich selbst als Zahlungsempfänger bezeichnen kann — Scheck an eigene Order —, verschafft ihm die Möglichkeit, über sein Guthaben zu seinen Gunsten mit Scheck zu verfügen.

Zu 3a. Der Inhaberscheck mit der reinen Inhaberklausel ist ein Scheck, in dem der Inhaber als Zahlungsempfänger angegeben ist; z. B. „zahlen Sie an den Inhaber".

Zu 3b. Der alternative Inhaberscheck ist ein Scheck, der außer dem Namen oder der Firma des Zahlungsempfängers die alternative Überbringer- oder Inhaberklausel „oder Überbringer" oder „oder Inhaber" enthält; z. B. „zahlen Sie an Weber oder Überbringer [oder Inhaber]." Der alternative Inhaberscheck auf Namen und Überbringer ist aus England übernommen und im Verkehr der Reichsbank und der Abrechnungstellen vorzugsweise üblich geworden.

Die Vorschrift im Abs. 2 soll zweifelsfrei zum Ausdruck bringen, daß ein wirkliches Inhaberpapier vorliegt und daß es sich nicht bloß um eine Legitimationserleichterung handelt.

Im Postscheckverkehr sind Schecks, in denen eine bestimmte Person oder Firma oder der Aussteller als Zahlungsempfänger angegeben ist (Namenschecks, die die Eigenschaft der Rektaschecks — zu 1 — haben) und Schecks ohne Bezeichnung des Zahlungsempfängers (Inhaber- oder Kassenschecks — s. 3c —) zugelassen. Der Postscheck unterscheidet sich von dem im Bankverkehr üblichen Scheck dadurch, daß er nicht die Überbringerklausel enthält und nicht indossiert werden darf. Er muß also, wenn ein Zahlungsempfänger angegeben ist, stets wie ein Rektascheck an diesen ausgezahlt werden. Während im Bankverkehr der Scheck mit Überbringerklausel jeden Inhaber als Zahlungsempfänger legitimiert, übernimmt die Postverwaltung die Verpflichtung, in jedem Falle die Identität des Zahlungsempfängers festzustellen. Die Vorschrift ist in erster Linie erlassen worden, um den Aussteller und Zahlungsempfänger dagegen zu schützen, daß ein Unberechtigter den Scheck zur Einlösung vorlegen könnte. Diese Sicherheit kann aber nur dadurch erreicht werden, daß neben dem Wegfall der Überbringerklausel auch die Indossierbarkeit des Schecks ausgeschlossen ist. Zwar ist es nach § 8 des Scheckgesetzes zulässig, den auf einen bestimmten Zahlungsempfänger gestellten Scheck durch Indossament zu übertragen, wenn nicht die Übertragung durch die Worte „nicht an Order" oder einen gleichbedeutenden Zusatz untersagt ist. Gleichwohl hinderte der Wortlaut des § 8 nicht, für den Postscheckverkehr die Indossierbarkeit des Schecks auszuschließen, wenngleich der Postscheck die Worte „nicht an Order" nicht enthält, denn nach dem Scheckgesetze müssen für die Frage, ob der Bezogene einen Scheck einlösen wird, vor allem die Bedingungen maßgebend sein, unter denen sich der Bezogene dem Kontoinhaber gegenüber auf den Scheckverkehr eingelassen hat. Da Postschecks, die mit einem Indossamente versehen sind, nicht eingelöst werden, hat ein Postscheck, in dem ein Zahlungsempfänger angegeben ist, für einen unehrlichen Finder keinen Wert. Hierdurch ist die Versendbarkeit eines solchen Postschecks gegenüber dem ungekreuzten Bankscheck wesentlich erleichtert. Die Postschecks (Namenschecks) können ohne Gefahr für den Aussteller als gewöhnliche Briefe versandt werden, brauchen also nicht als Wert- oder eingeschriebene Briefe bei der Post eingeliefert zu werden.

§ 5.

Der bei dem Namen oder der Firma des Bezogenen angegebene Ort gilt als Zahlungsort. Die Angabe eines anderen Zahlungsorts gilt als nicht geschrieben. Ist bei dem Namen oder der Firma des Bezogenen ein Ort nicht angegeben, so gilt der Ausstellungsort als Zahlungsort.

In den Postschecks ist der Zahlungsort (Amtsort des PSchA.) vorgedruckt.

§ 6.

Ist die zu zahlende Geldsumme in Buchstaben und in Ziffern ausgedrückt, so gilt bei Abweichungen die in Buchstaben ausgedrückte Summe. Ist die Summe mehrmals mit Buchstaben oder mehrmals mit Ziffern geschrieben, so gilt bei Abweichungen die geringere Summe.

Auf Postschecks muß die Marksumme in Zahlen und in Buchstaben ausgedrückt sein.

§ 7.

Der Scheck ist bei Sicht zahlbar. Die Angabe einer anderen Zahlungszeit macht den Scheck nichtig.

Die Zahlbarkeit bei Sicht gehört zum Wesen des Schecks; sie ist notwendig, wenn der Scheck nicht seinem wirtschaftlichen Zweck, als Zahlungsmittel zu dienen, entfremdet und zu einem dem Wechsel ähnlichen Kreditpapier gemacht werden soll. Die kurze Vorlegungsfrist würde ihren Zweck verfehlen, wenn sie durch die Bestimmung einer Zahlungsfrist umgangen werden könnte.

Die Sichtklausel ist kein notwendiges Formerfordernis, da stets bei Sicht zu zahlen ist. Schecks, auf denen eine bestimmte Zahlungszeit angegeben ist, sind als solche nichtig. Ein solches Papier kann lediglich als Anweisung Rechtswirkungen äußern (s. § 140 BGB. in Verbindung mit § 783 ff. BGB. und § 363 ff. HGB.).

§ 8.

Der auf einen bestimmten Zahlungsempfänger gestellte Scheck kann durch Indossament übertragen werden, wenn nicht der Aussteller die Übertragung durch die Worte „nicht an Order" oder durch einen gleichbedeutenden Zusatz untersagt hat.

In betreff der Form des Indossaments, in betreff der Legitimation des Besitzers eines indossierten Schecks und der Prüfung der Legitimation sowie in betreff der Verpflichtung des Besitzers zur Herausgabe finden die Vorschriften der Artikel 11 bis 13, 36, 74 der Wechselordnung entsprechende Anwendung. Ein auf eine Abschrift des Schecks gesetztes Indossament ist jedoch unwirksam. Das gleiche gilt von einem Indossamente des Bezogenen. Ein Indossament an den Bezogenen gilt als Quittung.

Postschecks, die mit einem Indossamente versehen sind, werden nicht eingelöst. Der Grund hierfür ist in den Ausführungen zu § 4 angegeben.

§ 9.

Schecks, die auf einen bestimmten Zahlungsempfänger gestellt und im Auslande zahlbar sind, können in meh-

reren Ausfertigungen ausgestellt werden. Jede Ausfertigung muß im Texte mit der Bezeichnung „erste, zweite, dritte usw. Ausfertigung" oder mit einer gleichbedeutenden Bezeichnung versehen werden; ist dies nicht geschehen, so gilt jede Ausfertigung als ein für sich bestehender Scheck.

Ist von mehreren Ausfertigungen eine bezahlt, so verlieren dadurch die anderen ihre Kraft. Jedoch bleiben aus den übrigen Ausfertigungen der Indossant, welcher mehrere Ausfertigungen an verschiedene Personen indossiert hat, und alle späteren Indossanten, deren Unterschriften sich auf den bei der Zahlung nicht zurückgegebenen Ausfertigungen befinden, auf Grund ihres Indossaments verpflichtet.

§ 10.

Der Scheck kann nicht angenommen werden. Ein auf den Scheck gesetzter Annahmevermerk gilt als nicht geschrieben.

Das Gesetz verbietet beim Scheck das Akzept. Es wird davon ausgegangen, daß ein Akzept, wodurch der Bezogene zu einem selbständigen Schuldner wird, während er nach dem Charakter des Schecks lediglich Zahlungsorgan sein soll, mit der Natur des Schecks nicht verträglich ist. Dadurch, daß bis zur Vorlage des Schecks unbestimmt bleibt, ob er eingelöst wird oder nicht, wird erreicht, daß der Scheck seinem Endziele, der Einlösungsstelle, so rasch wie möglich zutreibt, und es wird hintangehalten, daß er unnötig lange, gleich dem Papiergelde, herumwandert.

Die Bestimmung, daß ein auf den Scheck gesetzter Annahmevermerk als nicht geschrieben gilt, bringt zum Ausdrucke, daß einem solchen Vermerke nicht bloß die scheckrechtliche, sondern überhaupt jede zivilrechtliche Wirksamkeit entzogen ist.

§ 11.

Der im Inland ausgestellte und zahlbare Scheck ist binnen zehn Tagen nach der Ausstellung dem Bezogenen am Zahlungsorte zur Zahlung vorzulegen.

Für Schecks, die im Ausland ausgestellt, im Inlande zahlbar sind, bestimmt der Bundesrat die Vorlegungsfrist. Das gleiche gilt für Schecks, die im Inland ausgestellt, im Auslande zahlbar sind, sofern das ausländische Recht keine Vorschrift über die Zeit der Vorlegung enthält.

Fällt der letzte Tag der Frist auf einen Sonntag oder einen am Zahlungsorte staatlich anerkannten allgemeinen Feiertag, so tritt an die Stelle des Sonntags oder des Feiertags der nächstfolgende Werktag.

Durch den Scheck verfügt der Aussteller über ein ihm zustehendes Guthaben, für dessen Vorhandensein er durch die Ausstellung eine Gewähr übernimmt. Mit der strengen Regreßverbindlichkeit ist es nicht vereinbar, wenn dem Scheck eine nicht begrenzte Umlaufzeit gelassen würde. Die Rücksicht auf einen ordnungsmäßigen Verkehr verlangt vielmehr, daß die Umlaufzeit begrenzt und die Vorlegungsfrist nicht länger ausgedehnt wird, als zu einer entsprechenden Verwertung des Schecks erforderlich ist. Da der Scheck einerseits auf baldige Befriedigung drängt, war eine möglichst kurz bemessene Vorlegungsfrist angezeigt; da er aber anderseits die Aufgabe hat, Bargeld zu sparen, was nur durch die Befriedigung möglichst vieler Zahlungen ohne Anwendung von Bargeld erzielt wird, durfte die Vorlegungsfrist nicht allzu kurz sein. Unter diesen Gesichtspunkten ist eine zehntägige Vorlegungsfrist für die im Inlande ausgestellten und zahlbaren Schecks festgesetzt worden. Bei einem Postscheck, der nach Ablauf der zehntägigen Frist vorgelegt wird, hängt es vom Ermessen des PSchA. ab, ob er einzulösen ist.

Die Vorlegungsfrist für Auslandschecks hat der Bundesrat unterm 19. März 1908 festgesetzt (Bekanntmachung, betreffend die Vorlegungsfristen für Auslandschecks, RGBl. Nr. 13 für 1908, S. 85):

Auf Grund des § 11 Abs. 2 des Scheckgesetzes vom 11. März 1908 (RGBl. S. 71) hat der Bundesrat beschlossen:

Im Ausland ausgestellte, im Inlande zahlbare Schecks sind binnen der nachstehend bezeichneten Fristen nach der Ausstellung dem Bezogenen am Zahlungsorte zur Zahlung vorzulegen:

im europäischen Auslande — mit Ausnahme von Island und den Faröern — ausgestellte Schecks binnen drei Wochen,

in den Küstenländern von Asien und Afrika längs des Mittelländischen und Schwarzen Meeres oder in den dazu gehörigen Inseln dieser Meere ausgestellte Schecks binnen einem Monat,

in den Vereinigten Staaten von Amerika, in Canada, Neu-Fundland, Mexiko, den Azoren, Madeira, den Canarischen und Cap Verdischen Inseln ausgestellte Schecks binnen zwei Monaten,

sonst im Auslande, mit Einschluß der deutschen Schutzgebiete, ausgestellte Schecks binnen drei Monaten.

Schecks, die im Inland ausgestellt, im Auslande zahlbar sind, kommen für den Postscheckverkehr nicht in Betracht.

§ 12.

Die Einlieferung eines Schecks in eine Abrechnungsstelle, bei welcher der Bezogene vertreten ist, gilt als Vorlegung zur Zahlung am Zahlungsorte, sofern die Einlieferung den für den Geschäftsverkehr der Abrechnungsstelle maßgebenden Bestimmungen entspricht.

Der Bundesrat bestimmt, welche Stellen als Abrechnungsstellen im Sinne dieses Gesetzes zu gelten haben.

Voraussetzung für die Rechtswirksamkeit der Einlieferung ist, daß der Bezogene bei der Abrechnungstelle vertreten ist. Die Einlieferung muß ordnungsmäßig erfolgen, d. h. den für den Geschäftsverkehr der Stelle maßgebenden Bestimmungen entsprechen, es muß sich insbesondere auch um einen Scheck handeln, der an einem Orte zahlbar ist, für den die Abrechnungstelle nach den für sie geltenden Bestimmungen zuständig ist.

Zu den Stellen, die nach Bestimmung des Bundesrats als Abrechnungstellen zu gelten haben, gehören u. a. die Abrechnungstellen der Reichsbank in Berlin, Breslau, Cöln, Frankfurt (Main), Hamburg, Hannover, Karlsruhe (Baden), Leipzig und Stuttgart, denen die daselbst befindlichen PSchÄ. als Mitglieder beigetreten sind, sowie die Abrechnungstellen der Reichsbank in Mannheim, München und Nürnberg, an deren Abrechnungsverkehr die bayerischen PSchÄ. in Ludwigshafen (Rhein), München und Nürnberg durch Vermittelung der an ihrem Sitze befindlichen Königlich Bayerischen Bank teilnehmen (s. S. 71).

§ 13.

Der Bezogene, der den Scheckbetrag bezahlt, kann die Aushändigung des quittierten Schecks verlangen.

Der Ablauf der Vorlegungsfrist ist auf das Recht des Bezogenen zur Zahlung ohne Einfluß.

Ein Widerruf des Schecks ist erst nach dem Ablaufe der Vorlegungsfrist wirksam.

Im Postscheckverkehr wird die Ausstellung einer Quittung auf dem Scheck nicht verlangt.

Nach Abs. 2 bleibt der Bezogene auch nach Ablauf der Vorlegungsfrist zur Einlösung des Schecks berechtigt; dies entspricht der Absicht des Ausstellers, der den Schecknehmer aus dem beim Bezogenen vorhandenen Guthaben befriedigt wissen will. Postschecks werden von den PSchÄ. in der Regel noch nach Ablauf der Vorlegungsfrist eingelöst.

In der Frage des Widerrufs ist zu beachten, daß der Bezogene nur dem Aussteller gegenüber verpflichtet ist, einen Scheck einzulösen, zu dem Inhaber des Schecks aber in keiner rechtlichen Beziehung steht. Geht also einem PSchA. vor Ablauf der Vorlegungsfrist ein Widerruf zu, so kann es zwar gemäß § 13 des Scheckgesetzes den Scheck einlösen, ist dazu aber nicht verpflichtet. In der Praxis wird das PSchA. jeden Widerruf des Ausstellers ohne Rücksicht darauf, ob er vor oder nach Ablauf der Vorlegungsfrist erfolgt, beachten, da der Aussteller einem etwaigen Einwande des Bezogenen gegen den Widerruf mit der gänzlichen Zurückziehung seines Kontos begegnen könnte.

§ 14.

Der Aussteller sowie jeder Inhaber eines Schecks kann durch den quer über die Vorderseite gesetzten Vermerk: „Nur zur Verrechnung" verbieten, daß der Scheck bar bezahlt werde. Der Bezogene darf in diesem Falle den Scheck nur durch Verrechnung einlösen. Die Verrechnung gilt als Zahlung im Sinne dieses Gesetzes.

Das Verbot kann nicht zurückgenommen werden. Die Übertretung des Verbots macht den Bezogenen für den dadurch entstehenden Schaden verantwortlich.

Das im Reichsbank- und Abrechnungsverkehr eingeführte Verbot der baren Auszahlung eines Schecks durch den quer über den Text gesetzten Vermerk „Nur zur Verrechnung" ist in Deutschland so üblich geworden, daß bei den Reichsbankanstalten ein sehr großer Teil der vorgelegten Schecks diesen Vermerk trägt. Die Einrichtung ist deshalb sehr beliebt, weil durch sie die Gefahr, daß der Scheck von einem Unbefugten eingezogen wird, erheblich verringert wird. Auch bei den Postschecks, die in die Abrechnungstellen der Reichsbank in Berlin, Breslau, Cöln, Frankfurt (Main), Hannover, Karlsruhe (Baden), Leipzig, Ludwigshafen (Rhein), München, Nürnberg und Stuttgart eingeliefert werden, ist der Vermerk „Nur durch Verrechnung“ vorgeschrieben (s. S. 72). Ebenso kann sich der Inhaber eines Postscheckkontos bei einem Inhaberscheck, der an der Kasse des PSchA. gegen einen roten Reichsbankscheck eingetauscht werden soll (s. S. 71), gegen eine Barabhebung dadurch schützen, daß er den Scheck mit dem Vermerke „Nur zur Verrechnung“ versieht.

Die Verrechnung gilt als Zahlungsleistung und demzufolge die Vorlegung zur Verrechnung als Vorlegung zur Zahlung. Es entspricht dem Zwecke des Verrechnungsvermerks, daß der Bezogene, falls er der Aufforderung des Ausstellers oder Inhabers nicht nachkommt, für den Schaden haftet.

§ 15.

Der Aussteller und die Indossanten haften dem Inhaber für die Einlösung des Schecks.

Auch bei dem auf den Inhaber gestellten Scheck haftet jeder, der seinen Namen oder seine Firma auf die Rückseite des Schecks geschrieben hat, dem Inhaber für die Einlösung. Auf den Bezogenen findet diese Vorschrift keine Anwendung.

Hat ein Indossant dem Indossamente die Bemerkung „ohne Gewährleistung“ oder einen gleichbedeutenden Vorbehalt hinzugefügt, so ist er von der Verbindlichkeit aus seinem Indossamente befreit.

Im Postscheckverkehr haftet nur der Aussteller dem Inhaber für die Einlösung des Schecks, da ein Indossament verboten ist.

§ 16.

Zur Ausübung des Regreßrechts muß nachgewiesen werden, daß der Scheck rechtzeitig zur Zahlung vorgelegt und nicht eingelöst oder daß die Vorlegung vergeblich versucht worden ist. Der Nachweis kann nur geführt werden:

1. durch eine auf den Scheck gesetzte, von dem Bezogenen unterschriebene und den Tag der Vorlegung enthaltende Erklärung;
2. durch eine Bescheinigung der Abrechnungsstelle, daß der Scheck vor dem Ablaufe der Vorlegungsfrist eingeliefert und nicht eingelöst worden ist;
3. durch einen Protest.

Auf die Vorlegung des Schecks und den Protest finden die Vorschriften der Artikel 87, 88, 90, 91 der Wechselordnung entsprechende Anwendung.

Enthält der Scheck die Aufforderung keinen Protest zu erheben, so finden die Vorschriften des Artikel 42 der Wechselordnung entsprechende Anwendung.

Voraussetzung für die Ausübung der Regreßansprüche aus dem Papier ist der Nachweis der rechtzeitigen Vorlegung der Zahlung und der Nichteinlösung des Schecks oder der Nachweis, daß die Vorlegung vergeblich versucht worden ist.

Zu Ziff. 1. Auf Verlangen des Empfangsberechtigten geben die PSchÄ. die zur Ausübung des Regreßrechts erforderliche Bescheinigung auf den Postschecks ab.

Zu Ziff. 2. Vgl. die auf S. 76 unter B 2 auszugsweise wiedergegebenen Bestimmungen für die Abrechnungstelle der Reichsbank. Auf den vor dem Ablaufe der Vorlegungsfrist in die Abrechnungstellen der Reichsbank eingelieferten Postschecks, die nicht eingelöst worden sind, geben die PSchÄ. auf Verlangen die erforderliche Bescheinigung ab.

Zu Ziff. 3. Da im Gesetz eine Protestfrist nicht vorgeschrieben ist, muß der Protest spätestens am letzten Tage der Vorlegungsfrist erhoben werden.

Zu Abs. 2. Die Vorschriften der Artikel 87, 88, 90 und 91 der WO. sind mit dem Inkrafttreten des Gesetzes, betreffend die Erleichterung des Wechselprotestes — am 1. Oktober 1908 —, durch die neuen Artikel 87 bis 88a, 89a, 90 bis 91a, 92 Abs. 2 der WO. sowie die §§ 3 und 4 des Gesetzes über die Erleichterung des Wechselprotestes ersetzt worden (vgl. § 30 Abs. 2 des Scheckgesetzes).

§ 17.

Wegen der Benachrichtigung der Vormänner und ihres Einlösungsrechts sowie wegen des Umfanges der Regreßforderung und der Befugnis zur Ausstreichung von Indossamenten finden die Vorschriften der Artikel 45 bis 48, 50 bis 52 und des Artikel 55 der Wechselordnung mit der Maßgabe entsprechende Anwendung, daß der Inhaber des vergeblich zur Zahlung vorgelegten Schecks verpflichtet ist, seinen unmittelbaren Vormann innerhalb zweier Tage nach der Ausstellung der im § 16 Abs. 1 bezeichneten Erklärung, Bescheinigung oder Protesturkunde, spätestens aber innerhalb zweier Tage nach dem Ablaufe der Vorlegungsfrist, von der Nichtzahlung des Schecks zu benachrichtigen.

§ 18.

Der Inhaber des Schecks kann sich wegen seiner ganzen Regreßforderung an alle Verpflichtete oder auch nur an einige oder einen halten, ohne dadurch seinen Anspruch gegen die nicht in Anspruch genommenen Verpflichteten zu verlieren. Es steht in seiner Wahl, welchen Verpflichteten er zuerst in Anspruch nehmen will.

Dem Inhaber des Schecks kann der Schuldner nur solche Einwendungen entgegensetzen, welche die Gültigkeit seiner Erklärung in dem Scheck betreffen oder sich aus dem Inhalte des Schecks ergeben oder ihm unmittelbar gegen den Inhaber zustehen.

§ 19.

Der Regreßpflichtige ist nur gegen Auslieferung des Schecks, der zum Nachweise der rechtzeitigen Vorlegung und der Nichteinlösung oder des vergeblichen Versuchs der Vorlegung dienenden Urkunden und einer quittierten Rechnung Zahlung zu leisten verbunden.

§ 20.

Die Regreßansprüche gegen den Aussteller und die übrigen Vormänner verjähren, wenn der Scheck in Europa mit Ausnahme von Island und den Faröern zahlbar ist, in drei Monaten, andernfalls in sechs Monaten.

Die Verjährung beginnt gegen den Inhaber des Schecks mit dem Ablaufe der Vorlegungsfrist, gegen jeden Indossanten, wenn er, bevor eine Klage gegen ihn erhoben worden ist, gezahlt hat, mit der Zahlung, in allen übrigen Fällen mit der Erhebung der Klage.

§ 21.

Der Aussteller, dessen Regreßverbindlichkeit durch Unterlassung rechtzeitiger Vorlegung oder durch Verjährung erloschen ist, bleibt dem Inhaber des Schecks so weit verpflichtet, als er sich mit dessen Schaden bereichern würde.

§ 22.

In den Fällen des § 14 Abs. 2 und des § 21 verjährt der Anspruch in einem Jahre seit der Ausstellung des Schecks.

§ 23.

Aus einem Scheck, auf dem die Unterschrift des Ausstellers oder eines Indossanten gefälscht ist, bleiben diejenigen, deren Unterschriften echt sind, verpflichtet.

Die Vorschriften über falsche Schecks entsprechen den Artikeln 75 und 76 der WO.:

Art. 75 WO. „Auch wenn die Unterschrift des Ausstellers eines Wechsels falsch oder verfälscht ist, behalten dennoch das echte Akzept und die echten Indossamente die wechselmäßige Wirkung."

Art. 76 WO. „Aus einem mit einem falschen oder verfälschten Akzept oder Indossamente versehenen Wechsel bleiben sämtliche Indossanten und der Aussteller, deren Unterschriften echt sind, wechselmäßig verpflichtet."

Besondere Vorschriften über verfälschte Schecks, d. h. über solche, deren Inhalt gefälscht ist, gibt das Gesetz nicht. Die hier entstehenden Fragen müssen ebenso wie beim Wechsel der Beurteilung der Rechtsprechung im Einzelfall überlassen bleiben. Auch über die Frage, wer bei Einlösung eines falschen oder verfälschten Schecks den Verlust zu tragen hat, sind besondere, von den allgemeinen Grundsätzen des bürgerlichen Rechts abweichende Vorschriften nicht getroffen worden. Im Postscheckverkehr sind in der Frage wegen der Haftung für die Einlösung eines falschen oder gefälschten Postschecks die Bedingungen in der PSchO. mit zu berücksichtigen, die für das Vertragsverhältnis zwischen der Postverwaltung und dem Kontoinhaber maßgebend sind.

Bei einem beiderseitigen Verschulden greift § 254 BGB. Platz:

„Hat bei der Entstehung des Schadens ein Verschulden des Beschädigten mitgewirkt, so hängt die Verpflichtung zum Ersatze sowie der Umfang des zu leistenden Ersatzes von den

Umständen, insbesondere davon ab, inwieweit der Schaden vorwiegend von dem einen oder anderen Teile verursacht worden ist."

§ 24.

Auf die Anfechtung einer auf einen Scheck geleisteten Zahlung finden die Vorschriften des § 34 der Konkursordnung entsprechende Anwendung.

§ 25.

Im Auslande zahlbare Schecks dürfen auch auf solche Bezogene lauten, auf die nach dem ausländischen Rechte ein Scheck gezogen werden darf.

§ 26.

Die wesentlichen Erfordernisse eines im Ausland ausgestellten Schecks sowie jeder im Ausland auf einen Scheck gesetzten Erklärung werden nach den Gesetzen des Ortes beurteilt, an welchem die Ausstellung oder die Erklärung erfolgt ist.

Entspricht jedoch der im Ausland ausgestellte Scheck oder die im Ausland auf einen Scheck gesetzte Erklärung den Anforderungen des inländischen Gesetzes, so kann daraus, daß nach ausländischem Gesetz ein Mangel vorliegt, kein Einwand gegen die Rechtsverbindlichkeit der später im Inland auf den Scheck gesetzten Erklärungen entnommen werden. Auch ist die im Ausland erfolgte Ausstellung eines im Inlande zahlbaren Schecks sowie die auf einen solchen Scheck im Auslande gesetzte Erklärung wirksam, wenn sie auch nur den Anforderungen des inländischen Gesetzes entspricht.

§ 27.

Abhanden gekommene oder vernichtete Schecks unterliegen der Kraftloserklärung im Wege des Aufgebotsverfahrens. Die Aufgebotsfrist muß mindestens zwei Monate betragen.

Nach Einleitung des Aufgebotsverfahrens kann der Berechtigte, falls der Scheck rechtzeitig zur Zahlung vorgelegt, von dem Bezogenen aber nicht eingelöst worden war, von dem Aussteller Zahlung fordern, wenn er bis zur Kraftloserklärung Sicherheit leistet.

§ 28.

Bürgerliche Rechtsstreitigkeiten, in welchen durch die Klage ein Anspruch auf Grund dieses Gesetzes geltend gemacht wird, gehören, sofern in erster Instanz die Landgerichte zuständig sind, vor die Kammern für Handelssachen.

In bürgerlichen Rechtsstreitigkeiten, in welchen durch Klage oder Widerklage ein Anspruch auf Grund dieses Gesetzes geltend gemacht ist, wird die Verhandlung und Entscheidung letzter Instanz im Sinne des § 8 des Einführungsgesetzes zum Gerichtsverfassungsgesetze dem Reichsgerichte zugewiesen.

Auf die Geltendmachung von Regreßansprüchen aus einem Scheck finden die den Wechselprozeß betreffenden Vorschriften der §§ 602 bis 605 der Zivilprozeßordnung entsprechende Anwendung. Die Rechtsstreitigkeiten, in welchen ein solcher Anspruch geltend gemacht wird, gelten als Feriensachen.

§ 29.

Im Sinne des § 24 des Gesetzes, betreffend die Wechselstempelsteuer, vom 10. Juni 1869 (Bundes-Gesetzbl. S. 193ff.) sind als Schecks, für welche die Befreiung von der Wechselstempelabgabe bestimmt ist, diejenigen Urkunden anzusehen, die den Anforderungen der §§ 1, 2, 7, 25, 26 des gegenwärtigen Gesetzes entsprechen.

Die Vorschrift des Abs. 1 findet keine Anwendung auf Schecks, welche vor dem auf ihnen angegebenen Ausstellungstag in Umlauf gesetzt sind. Für die Entrichtung der Abgabe haftet als Gesamtschuldner jeder, der am Umlaufe des Schecks im Sinne des § 5 des Gesetzes, betreffend die Wechselstempelsteuer, im Inlande vor dem Ausstellungstage teilgenommen hat.

Zu Abs. 1. Nach dem am 1. Oktober 1913 in Kraft getretenen Reichsstempelgesetze vom 3. Juli 1913 ist für im Inland ausgestellte Schecks und für Schecks, die im Ausland auf das Inland ausgestellt sind, eine Stempelabgabe von 10 Pf. für jeden Scheck zu entrichten, dagegen sind **die im inländischen Postscheckverkehr ausgestellten Schecks** von einer solchen befreit (RGBl. für 1913 S. 694 und 695, Tarifnummer 10).

§ 30.

Dieses Gesetz tritt am 1. April 1908 in Kraft. Die Vorschriften finden auf früher ausgestellte Schecks keine Anwendung.

Mit dem Inkrafttreten des Gesetzes, betreffend die Erleichterung des Wechselprotestes, werden die im § 16 des gegenwärtigen Gesetzes angeführten Vorschriften durch die neuen Artikel 87 bis 88a, 89a, 90 bis 91a, 92

Abs. 2 der Wechselordnung sowie durch die §§ 3, 4 des erstgenannten Gesetzes ersetzt.

Urkundlich unter Unserer Höchsteigenhändigen Unterschrift und beigedrucktem Kaiserlichen Insiegel.

Gegeben Berlin im Schloß,
den 11. März 1908.

(L. S.)

Wilhelm.

von Bethmann Hollweg.

Sachregister.

Die Zahlen verweisen auf die Seiten.

A.

B.

T.

U.

V.

W.

Z.

Druck von A. W. Hayn's Erben (Curt Gerber), Potsdam.

Guttentagsche Sammlung

Deutscher Reichsgesetze.

Text-Ausgaben mit Anmerkungen. Taschenformat.

---

1. **Verfassung des Deutschen Reichs.** Von Dr. **L. von Rönne.** **10. Aufl.** von Landrat **P. von Rönne** und Regierungsassessor **von Dobbeler.** 1912. 2 M. 60 Pf.

2. **Strafgesetzbuch** für das Deutsche Reich. Von Prof. Dr. **Franz v. Liszt** und Dr. **Ernst Delaquis.** **24. Aufl.** 1914. 3 M.

3. **Militärstrafgerichtsordnung** nebst Einführungsgesetz. - Von Wirkl. Geheimen Kriegsrat Dr. jur. **A. Romen** und Kriegsgerichtsrat Dr. jur. **Carl Rissom.** 1910. 6 M.

4. **Handelsgesetzbuch vom 10. Mai 1897** unter Ausschluß des Seerechts. **14. Aufl.** Herausgegeben von Geh. Justizrat Prof. Dr. **A. Mosse.** 8°. 1911. 5 M.

5. **Wechselordnung vom 3. Juni 1908.** Kommentar von Justizrat Dr. **J. Stranz** und Rechtsanwalt Dr. **M. Stranz,** und das **Wechselstempelgesetz vom 15. Juli 1909** von Geh. Regierungsrat **P. Loeck.** **11. Aufl.** 1913. 4 M.

5 a. **Wechselstempelgesetz** apart. **11. Aufl.** 1913. 1 M. 50 Pf.

6. **Reichsgewerbeordnung** nebst Ausführungsbestimmungen. Von **Berger** und **Wilhelmi.** **18. Auflage** von Stadtrat Dr. **Karl Flesch** in Verbindung mit Dr. **Friedr. Hiller** und Dr. **Herm. Luppe.** Mit Nachtrag, enthaltend die Änderungen bis 31. 3. 1912. **4 M.**

7. **Post- und Telegraphen-Gesetzgebung.** Nebst Weltpostvertrag und internationalem Telegraphenvertrag. **6. Aufl.** von Geh. Ober-Postrat Dr. **M. König.** 1908. **4 M.**

8. Die Reichsgesetze über den **Unterstützungswohnsitz, die Freizügigkeit, den Erwerb und Verlust der Bundes- und Staatsangehörigkeit.** Von Geheimrat Dr. **J. Krech,** Mitglied des Bundesamtes für das Heimatwesen. 8. **Aufl.** 1913. 3 M. 60 Pf.

9. Sammlung **kleinerer strafrechtlicher Reichsgesetze.** Von Dr. **R. H. Kriegsmann,** Privatdozent in **Kiel. 3. Aufl.** 1910. 4 M.

10. Das **Reichsbeamtengesetz** von **J. Pieper. 2. Aufl.** 1901. 4 M. 50 Pf.

Reichsbeamtengesetz von 1907 siehe Nr. 82.

11. **Zivilprozeßordnung mit Gerichtsverfassungsgesetz.** Von **R. Sydow.** Fortgeführt von **L. Busch,** Reichsgerichtsrat, jetzt zugleich mit **A. Busch,** Gerichtsassessor. **14. Aufl.** 8°. 1913. 8 M.

12. **Strafprozeßordnung und Gerichtsverfassungsgesetz** nebst den Gesetzen, betr. die Entschädigung der im Wiederaufnahmeverfahren freigesprochenen Personen und die Entschädigung für unschuldig erlittene Untersuchungshaft. Von Dr. **A. Hellweg,** Reichsgerichtsrat. **16. Aufl.** von Professor Dr. **Kohlrausch.** 1912. 3 M.

13. **Konkursordnung und Anfechtungsgesetz.** Von **R. Sydow.** Fortgeführt von **L. Busch. 11. Aufl.** 1911. 2 M. 80 Pf.

14. **Gerichtsverfassungsgesetz** mit Einführungsgesetz. Herausgegeben von **R. Sydow.** Fortgeführt von **L. Busch. 9. Aufl.** 1905. Mit Nachtrag, enthaltend die Novelle vom 1. Juni 1909. 1 M. 50 Pf.

15. Das **Deutsche Gerichtskostengesetz** nebst den Gebührenordnungen für Gerichtsvollzieher, Zeugen und Sachverständige. Von **R. Sydow.** Weiter bearbeitet von Reichsgerichtsrat **L. Busch** und Gerichtsassessor **Arno Busch. 9. Aufl.** 1912. 2 M. 60 Pf.

16. **Rechtsanwaltsordnung.** Von **R. Sydow. 5. Aufl.** von Justizrat **M. Jacobsohn.** 1907. Mit Nachtrag, enthaltend die Bestimmungen vom 22. Mai 1910. 1 M. 20 Pf.

17. Die **Deutsche Gebührenordnung für Rechtsanwälte und das Preußische Gebührengesetz** vom 27. September/6. Oktober 1899. Von **R. Sydow.** Fortgeführt von **L. Busch. 11. Aufl.** 1914. Im Druck.

18. **Reichsstempelgesetz** vom 3. Juli 1913. (Börsen-, Lotterie- [Spiel und Wette], Frachturkunden-, Fahrkarten-, Kraftfahrzeug-, Tantieme-, Scheck- und Grundstücksübertragungssteuer.) Mit den gesamten Ausführungsbestimmungen. **12. Aufl.** von Geh. Regierungsrat **P. Loeck.** 1914. 8°. Im Druck.

19. Die **Seegesetzgebung.** Von Dr. **W. E. Knitschky. 5. Aufl.** bearbeitet von Oberlandesgerichtsrat **Otto Rudorff** in Hamburg. 1913. 8 M.

20. **Krankenversicherungsgesetz.** Von weil. Dr. **E. von Woedtke.** Siehe Bd. 107.

21. Die **Konsulargesetzgebung.** Von Professor Dr. **Ph. Zorn. 3. Aufl.** bearbeitet von Reg.-Assessor Dr. **A. Zorn.** 1911. 4 M. 50 Pf.

22. **Patentgesetz.** Nebst Ausführungsbestimmungen, völkerrechtlichen Verträgen und der Patentanwalts-Ordnung. **7. Aufl.** bearbeitet von **R. Lutter**, Geh. Reg.-Rat im Kaiserl. Patentamt. 1908. 2 M. 80 Pf.

23. **Gewerbe-Unfallversicherungsgesetz.** Von weil. Dr. **E. von Woedtke.** Siehe Bd. 108.

24. **Aktiengesellschaft und Kommanditgesellschaften auf Aktien.** Von Kammergerichtsrat Dr. **H. Keyßner** und Justizrat Dr. **H. Veit Simon. 6. Aufl.** von Amtsrichter **L. Keyßner.** 1911. 3 M.

25. **Brausteuergesetz.** vom 15. Juli 1909. Von **A. Düffe,** Oberzollrevisor. **2. Aufl.** 1910. 3 M.

26. Die Reichsgesetzgebung über **Münz- und Notenbankwesen.** Papiergeld, Prämienpapiere und Reichsschulden. Von Dr. jur **R. Koch,** Präsident des Reichsbankdirektoriums, **6. Aufl.** 1910. 4 M.

27. Die Gesetzgebung, betr. das **Gesundheitswesen** im Deutschen Reich. Von Dr. jur. **E. Goesch** und Dr. med. **J. Karsten.** 1888. 1 M. 60 Pf.

28. **Bau-Unfallversicherungsgesetz.** Vom 30. Juni 1900. Von **R. Chrzescinski.** Siehe Bd. 108.

29. **Erwerbs- und Wirtschaftsgenossenschaften.** Von **L. Parisius** und Dr. **H. Crüger. 14. neu bearb. Aufl.** von Dr. **H. Crüger.** 1912. 1 M. 80 Pf.

30. **Invalidenversicherungsgesetz** vom 13. Juli 1899. Von weil. Dr. **E. von Woedtke.** Siehe Bd. 109.

31. **Gewerbegerichtsgesetz.** Von Stadtrat **L. Mugdan. 7. Aufl.** bearbeitet von **W. Cuno**, Oberbürgermeister zu Hagen i. W. 1911. 2 M. 50 Pf.

32. Reichsgesetz, betr. die **Gesellschaften mit beschränkter Haftung.** Von **L. Parisius** und Dr. **H. Crüger. 13. Aufl.** von Dr. **H. Crüger.** 1914. 2 M.

33. **Vereins- und Versammlungsrecht.** Von Dr. **E. Ball. 2. Aufl.** von Dr. **F. Friedenthal.** 1907. 2 M. 50 Pf.

Reichs-Vereinsgesetz vom 19. April 1908 siehe Nr. 88.

34. Die **Abzahlungsgeschäfte.** Gesetz vom 16. Mai 1894. **3. vermehrte Aufl.** besorgt von Dr. **E. Wilke**, Landgerichtsrat. 1910. 1 M. 25 Pf.

35. Die **Reichs-Eisenbahngesetzgebung.** Von **W. Coermann**, Kaiserl. Amtsrichter. 1895. 2 M. 25 Pf. S. auch Bd. 66.

36. Gesetze, betr. die **privatrechtlichen Verhältnisse der Binnenschiffahrt und der Flößerei.** Von **E. Löwe**, Landgerichtsrat. **4. Aufl.** 1909. 3 M.

37. Gesetz gegen den **unlauteren Wettbewerb.** Von Justizrat **A. Pinner. 6. Aufl.** 1912. 1 M. 50 Pf.

38/39. **Bürgerliches Gesetzbuch nebst Einführungsgesetz** von Dr. **A. Achilles.** In Verbindung mit Professor Dr. **André**, Kammergerichtsrat **Ritgen**, Reichsgerichtsrat Dr. **Strecker**, Senatspräsident Dr. **v. Unzner** herausgegeben von Wirkl. Geh. Ober-Justizrat u. Oberlandesgerichtspräsident **Greiff. 7. Aufl.** 8°. 1912. 7 M.

40. Gesetz, betr. die **Pflichten der Kaufleute bei Aufbewahrung fremder Wertpapiere (Depotgesetz).** Mit Erläuterungen. Von **F. Lusensky,** Geh. Ober-Regierungsrat. **2. Aufl.** 1905. 1 M.

41. **Börsengesetz.** Von Wirkl. Geh. Ober-Regierungsrat **Th. Hemptenmacher.** Neue Aufl. im Druck.

42. **Grundbuchordnung** nebst den preußischen Ausführungsbestimmungen. Mit Einleitung. Von Prof. Dr. **O. Fischer. 6. Aufl.** 1912. 2 M.

43. **Zwangsvollstreckung in das unbewegliche Vermögen** im Reiche und in Preußen. Mit Einleitung, Kosten- und Gebührentabellen. Von Dr. **J. Krech** u. Dr. **O. Fischer. 7. Aufl.** bearbeitet von Professor Dr. **O. Fischer** u. Landrichter Dr. **F. Krech.** 1914. etwa 3 M.

44. Das Reichsgesetz **über das Auswanderungswesen** vom 9. Juni 1897. Von Professor Dr. **Felix Stoerk.** 1899. 2 M. 25 Pf.

45. **Das Entmündigungsrecht** unter Berücksichtigung der für Preußen geltenden Vorschriften nebst der preußischen Justiz-Ministerial-Verfügung vom 28. November 1899. Von Landgerichtsrat Dr. **P. Koll** in Cöln. 1900. 1 M. 50 Pf.

46. Die Gesetze des Reiches und Preußens über die **freiwillige Gerichtsbarkeit.** Von **Herm. Jastrow,** Amtsgerichtsrat. **5. Aufl.** 1911. 3 M. 60 Pf.

47. Das **deutsche Vormundschaftsrecht** und das preuß. Gesetz über die Fürsorgeerziehung Minderjähriger nebst den dazu gehörigen preußischen Nebengesetzen. Von Oberverwaltungsgerichtsrat **Max Schultzenstein** und Amtsgerichtsrat Dr. **Paul Köhne. 2. Aufl.** 1901. 3 M.

48. Gesetze und Verordnungen, betr. den **Drogen-, Gift- und Farbenhandel** außerhalb der Apotheken. Von Dr. **J. Broh**, Rechtsanwalt. 1899. 1 M. 25 Pf.

49. Deutsche **Kolonialgesetzgebung.** Von Geh. Justizrat Professor Dr. **Philipp Zorn.** 2. Aufl. von Gerichtsassessor Dr. **Sassen.** 1913. 7 M. 50 Pf.

50. Der **Viehkauf** (Viehgewährschaft) nach dem Bürgerlichen Gesetzbuche unter Berücksichtigung des ausländischem Rechts. Verordnung betr. die Hauptmängel und Gewährsfristen beim Viehhandel. Von Rechtsanwalt Dr. **H. Stölzle** und Königlichem Regierungs- und Veterinärrat **H. Weiskopf. 5. Aufl.** 1913. 6 M.

51. **Hypothekenbankgesetz** vom 13. Juli 1899. Von Dr. **H. Göppert. 2. Aufl.** Bearbeitet von Geh. Reg.-Rat Dr. **Seidel.** 1911. 2 M. 40 Pf.

52. Gesetz, betreffend die gemeinsamen **Rechte der Besitzer von Schuldverschreibungen.** Von Dr. **Heinrich Göppert.** 1900. 2 M.

53. **Reichspreßgesetz** vom 7. Mai 1874. Mit Kommentar von Erstem Bürgermeister **A. Born.** 1911. **2. Aufl.** 2 M.

54. Die Reichsgesetzgebung **über den Verkehr mit Nahrungsmitteln, Genußmitteln** und **Gebrauchsgegenständen.** Von Dr. **Georg Lebbin,** Nahrungsmittelchemiker in Berlin. 1900. 2 M. 25 Pf.

55. Das Recht der **Beschlagnahme von Lohn- und Gehaltsforderungen.** Von Justizrat **Georg Meyer. 5. Aufl.** 1914. Im Druck.

56. Gesetz, betr. die **Bekämpfung gemeingefährlicher Krankheiten.** Nebst Ausführungsbestimmungen. Von Dr. **Bruno Burkhardt**, Regierungsrat, Mitglied des Kaiserl. Gesundheitsamts. 1900. 1 M. 40 Pf.

57. **See-Unfallversicherungsgesetz.** Von Dr. **Max Mittelstein**, Oberlandesgerichtsrat in Hamburg. Siehe Bd. 108.

58. **Das Recht der unehelichen Kinder** nach dem BGB. Von **Hermann Jastrow**, Amtsgerichtsrat. 1901. 1 M. 80 Pf.

59. Reichsgesetz über die **Beurkundung des Personenstandes und die Eheschließung.** Von Dr. **F. Fidler**, Amtsgerichtsrat. 1912. **2. Aufl.** 2 M. 50 Pf.

60. Gesetz, betreffend das **Urheberrecht an Werken der Literatur und der Tonkunst.** Von Geh. Justizrat **Otto Lindemann. 3. Aufl.** 1910. 1 M. 60 Pf.

61. Gesetz über **das Verlagsrecht.** Von Justizrat **E. Heinitz. 2. Aufl.** Bearbeitet von Rechtsanwalt Dr. **Br. Marwitz.** 1911. 1 M. 80 Pf.

62. Gesetz über **private Versicherungsunternehmungen.** Von **H. Könige**, Reichsgerichtsrat. **2. Aufl.** 1910. 4 M. 20 Pf.

63. **Gesetzestafel des Deutschen Reichsrechts.** Systematisch geordnete Nachweisung des z. Z. geltenden Reichsrechts. Von **Hugo Bruhns**, Bürgermeister. 1913. 8°. **2. Aufl.** 3 M. 50 Pf.

64. Gesetzsammlung betr. den **Handel mit Drogen und Giften** Reichsgesetzliche Bestimmungen und Anhang mit den landesgesetzlichen Verordnungen sämtlicher Bundesstaaten. Von Rechtsanwalt **H. Sonnenfeld**, Syndikus der Berliner Drogisten-Innung. **2. Aufl.** 1912. 4 M.

65. Das **Weingesetz** in der Fassung von 1909. Mit Ausführungsbestimmungen von Dr. **Georg Lebbin**, Nahrungsmittelchemiker. **2. Aufl.** 1909. 2 M. 50 Pf.

66. Die **Eisenbahn-Gesetzgebung**. Von **W. Pietsch**, Rechnungsrat im Reichs-Eisenbahn-Amt. **2. Aufl.** 1913. 3 M. 60 Pf.

67. **Militär-Strafgesetzbuch für das Deutsche Reich** mit der Novelle vom 8. 8. 1913. Von Wirklichem Geheimen Kriegsrat Dr. **A. Romen** und Kriegsgerichtsrat Dr. **C. Rissom**. 1912. 6 M.

68. Das **Fleischbeschaugesetz**. Vom 3. Juni 1900. Von Dr. **Georg Lebbin**, Nahrungsmittelchemiker und Rechtsanwalt Dr. **Georg Baum**. 1903. 4 M.

69. Reichsgesetz über die **Naturalleistungen der bewaffneten Macht im Frieden** nebst den in Preußen geltenden Bestimmungen. Von Landrat Dr. **Walter v. Hippel**. 1903. 1 M. 25 Pf.

70. Das **Reichs-Haftpflichtgesetz**, vom 7. Juni 1871. Von Regierungsrat Dr. **G. Eger**. 1903. 3 M.

71. **Kinderarbeit in gewerblichen Betrieben**, vom 30. März 1903. Von **H. Spangenberg**, Oberverwaltungsgerichtsrat. **2. Aufl.** 1904. 1 M. 60 Pf.

72. **Unfallversicherungsgesetz für Land- und Forstwirtschaft** von weil. Dr. **E. von Woedtke**. Siehe Band 108.

73. **Entschädigung für unschuldig erlittene Verhaftung und Bestrafung**. Nebst Anhang, enthaltend die dazu gehörigen Nebengesetze über Schadensersatz. Von Dr. jur. **A. Romen**, Wirklichem Geheimen **Kriegsrat**. 1904. 2 M.

74. Die **Kaufmannsgerichte** nebst den preuß. Ausführungsbestimmungen. Von Professor Dr. **Max Apt. 3. Aufl.** 1905. 2 M.

75. Reichsgesetz über die **Konsulargerichtsbarkeit.** Von Dr. jur. **A. F. Vorwerk,** Rechtsanwalt in Schanghai. 2. Ausgabe, mit dem Schutzgebietsgesetz und der Ausführungsverordnung, betr. die Rechtsverhältnisse in den Schutzgebieten. 1908. 2 M.

76. **Die Rechtshilfe im Verkehr mit den ordentlichen Gerichten nach deutschem Reichsrecht.** Von Landrichter Dr. **A. Friedländer.** 1906. 1 M. 80 Pf.

77. **Das Reichserbschaftssteuergesetz.** Vom 3. Juni 1906. Von **Ulrich Hoffmann,** Rechnungsrat im Königl. Preuß. Finanzministerium. **2. Aufl.** mit Nachtrag, enth. die Bestimmungen v. 3. Juli 1913. 1911. 5 M.

78. **Zigarettensteuergesetz.** Vom 15. Juli 1909. Von Dr. **Cuno,** Regierungsassessor. **2. Aufl.** in Vorbereitung.

79. **Die Militärpensionsgesetze** vom 31. Mai 1906 nebst Ausführungsbestimmungen. Zum Gebrauch für Heer, Marine und Schutztruppe von Dr. jur. **A. Romen,** Wirklicher Geheimer Kriegsrat.
   a) I. Teil: Offizierpensionsgesetz. 1907. 3 M. 50 Pf.
   b) II. Teil: Mannschaftsversorgungsgesetz. 1908. 3 M. 50 Pf.

80. Reichsgesetzgebung über **gerichtliche Registerführung.** Von **Otto Lindemann,** Geh. Justizrat. 1906. 3 M.

81. Gesetz, betr. **Urheberrecht an Werken der bildenden Künste und der Photographie.** Von Dr. **Ludwig Fuld**, Rechtsanwalt. 1907. 1 M.

82. **Reichsbeamtengesetz** in der Fassung vom 18. Mai 1907 und seine Ergänzungen von Geheimrat Professor Dr. **Adolf Arndt.** 1908. 3 M.

83. Reichsgesetz über **den Versicherungsvertrag** nebst Einführungsgesetz. Von Dr. **Paul Hager** und Dr. **E. Bruck. 3. vermehrte und verbesserte Auflage.** 1913. 6 M.

84. **Sammlung kleinerer privatrechtlicher Reichsgesetze** von Oberlandesgerichtsrat **Georg Müller.** 1908. 6 M. 50 Pf.

85. **Scheckgesetz** mit Einleitung usw. Von Prof. Dr. **Max Apt. 5. Aufl.** Mit Postscheckordnung vom 6. Nov. 1908 und im Anhang „Besteuerung des Schecks". 1909. 2 M.

86. **Die Auslieferungsverträge des Deutschen Reiches** von Landrichter **A. Cohn.** 1908. 4 M.

87. Gesetz zum **Schutz der Warenbezeichnungen.** Von Geh. Reg.-Rat, Mitglied des Patentamts Dr. **Freund** und Rechtsanwalt **Magnus. 5. Aufl.** 1909. 3 M. 50 Pf.

88. **Vereinsgesetz** vom 19. April 1908. Von Dr. jur. **A. Romen,** Wirkl. Geh. Kriegsrat. **3. Aufl** 1912. 2 M. 50 Pf.

89. **Vogelschutzgesetz** vom 30. Mai 1908 nebst den das Flugwild betr. Bestimmungen der Preußischen Jagdordnung von Dr. jur. **Leo von Boxberger.** 1908. 1 M.

90. Die Haager Abkommen über das **Internationale Privatrecht.** Von Dr. **G. A. E. Bogeng.** 1908. 2 M. 20 Pf.

91. **Eisenbahn-Verkehrsordnung** vom 23. Dez. 1908. Mit **Ausführungsbestimmungen.** Von Regierungsrat **Dr. Ernst Blume.** 1909. 2 M. 50 Pf.

92. Gesetz, betr. den **Verkehr mit Kraftfahrzeugen.** Von Amtsrichter **R. Kirchner. 2. Ausgabe** ergänzt durch die Bundesratsverordnung vom 3. Febr. 1910 und das Internationale Uebereinkommen vom 11. Okt. 1909. 1910. 3 M.

93. Gesetz über die **Sicherung der Bauforderungen** von Justizrat Dr. **E. Harnier. 3. Aufl.** 1912. 1 M. 60 Pf.

94. **Haftpflicht der Reichs- und Staats-Beamten** von Dr. **H. Delius. 2. Aufl.** 1909. Mit Nachtrag, enth. das Gesetz über die Haftung des Reichs für seine Beamten vom 22. Mai 1910. 3 M. 50 Pf.

95. Die Berner Uebereinkunft über **internationales Urheberrecht** von Geh. Ob.-Reg.-Rat Dr. **Herm. Dungs.** 1910. 1 M.

96. **Branntweinsteuergesetz** vom 15. Juli 1909. Unter Berücksichtigung der für das Reich erlassenen Ausführungsbestimmungen. Von Geh. Reg.-Rat **Johs. Ray,** vortrag. Rat im Reichsschatzamt. 1910. 3 M. 50 Pf.

97. **Schutzgebietsgesetz** nebst Verord. betr. die Rechtsverhältnisse in den Schutzgebieten, dem Gesetz über die Konsulargerichtsbarkeit sowie den Ausführungsbest. Von **Johs. Gerstmeyer,** Wirkl. Legationsrat und vortrag. Rat im Reichskolonialamt. 1910. 3 M.

98. **Sechs Haager Abkommen** über **Internationales Privatrecht.** Von Geh. Ob.-Reg.-Rat Dr. **Herm. Dungs.** 1910 1 M. 50 Pf.

99. **Die Abkommen der Haager Friedenskonferenz.** Von Dr. jur. **Hans Wehberg.** 1910. 3 M.

100. Gesetz über den **Absatz von Kalisalzen.** Von Geh. Bergrat **Carl Voelkel.** 1910. 2 M. 40 Pf.

101. **Zuwachssteuergesetz** vom 14. Februar 1911. Von Dr. **W. Cuno,** Geheimer Regierungsrat im Reichsschatzamt. 1911. 3 M. 60 Pf.

102. **Urheberrecht an Mustern und Modellen** u. Ges. betr. Schutz v. Gebrauchsmustern von Reg.-Rat **Johs. Neuberg,** Mitgl. d. **K.** Patentamts. 1911. 2 M. 40 Pf.

103. **Reichs-Viehseuchengesetz** vom 26. Juni 1909 nebst Ausführungsvorschriften u. dem preuß. Ausführungsgesetz. Von Landrat Dr. **Walter v. Hippel. 2. Aufl.** 1912. 4 M. 50 Pf.

104. **Versicherungsgesetz** für Angestellte vom 20. **Dez.** 1911. Von Rechtsanwalt **O. Bernstein** und Dr. **J. Kupferberg. 2. Aufl.** 1912. 3 M. 50 Pf.

105. **Das Geldwesen in den deutschen Schutzgebieten.** Von **W. Hintze,** Geheimer exped. Sekretär im Reichskolonialamt. 1912. 2 M.

106—109. **Reichs-Versicherungsordnung nebst Einführungsgesetz:** Herausgegeben unter Mitwirkung von Dr. **F. Caspar,** Wirkl. Geh. Rat, Direktor im Reichsamt d. Innern und **A. Spielhagen,** Geh. Ob.-Reg.-Rat, vortr. Rat im Reichsamt d. Innern. 4 Bände.

106. Erstes, fünftes und sechstes Buch. **Gemeinsame Vorschriften. — Beziehungen der Versicherungsträger zu einander und zu anderen Verpflichteten. — Verfahren.** Bearbeitet von Dr. **K. Lippmann,** Reg.-Rat im Reichsversicherungsamt, Professor, Geh. Reg.-Rat Dr. **L. Laß** und Geh. Reg.-Rat **H. Siefart,** vortrag. Räte im Reichsamt des Innern. 1913. 6 M.

107. Zweites Buch. **Krankenversicherung.** Von Geh. Reg.-Rat **H. Siefart,** vortrag. Rat im Reichsamt des Innern. Im Druck.

108. Drittes Buch. **Unfallversicherung.** Von Geh. Reg.-Rat **A. Radtke,** Senatsvorsitzender im Reichsversicherungsamt. 1913. 8 M.

109. Viertes Buch. **Invaliden- und Hinterbliebenenversicherung.** Bearbeitet von Geh. Ober-Regierungs-Rat **B. Jaup,** vortragender Rat im Reichsamt des Innern und **H. Follmann,** Geh. Reg.-Rat im Reichsversicherungsamt. 1912. 4 M.

110. **Wehrbeitragsgesetz** mit Ausführungsbestimmungen. Von Geheimem Ober-Finanzrat **A. Fernow. 2. Aufl.** 1913. 2 M.

111. **Reichs- und Staatsangehörigkeitsgesetz.** Vom 22. Juli 1913. Von Dr. **R. Romen,** Wirklichem Geheimen Kriegsrat. 1913. 2 M. 20 Pf.

112. **Kaufmannsgerichtsgesetz** und die anzuwendenden Bestimmungen des Gewerbegerichtsgesetzes unter besonderer Berücksichtigung der Literatur und Rechtsprechung. Von Magistratsrat Dr. **H. Depène,** Vorsitzender des Kaufmannsgerichts Berlin. 1914. 2 M. 60 Pf.

113. **Postscheckgesetz.** Von Oberpostinspektor **F. Weiland.** 1914. 1 M. 50 Pf.

In Vorbereitung:

Besitzsteuergesetz (Vermögenszuwachssteuergesetz). Von Geheimem Ober-Finanzrat **A. Fernow.**

Guttentagsche Sammlung

Preußischer Gesetze.

Textausgaben mit Anmerkungen. Taschenformat.

---

1. Die **Verfassungs-Urkunde** für den Preußischen Staat. Mit Einleitung, vollständigem Kommentar. Von Prof. Dr. **Adolf Arndt. 7. Aufl.** 1911. 4 M.

2. Preußische **Beamten-Gesetzgebung.** Enthaltend die wichtigsten Beamtengesetze in Preußen. Von **C. Pfafferoth. 4., neubearb. Aufl.** 1905. Mit Anhang: Abänderung vom 27. Mai 1907. 2 M.

3. **Die Aufnahme des Nottestaments** durch die bestellten Urkundspersonen. Anweisung mit Musterbeispielen und Abriß des Erbrechts von Amtsgerichtsrat **C. Kurtz.** 1904. 1 M. 50 Pf.

4. **Gebührenordnung** für **Notare** vom 25. Juli 1910. **4. Aufl.** bearbeitet von Justizrat **Rausnitz.** 1910. 2 M. 20 Pf.

5. Gesetz vom **24. April 1854 (betr. die außerehel. Schwängerung).** Von Dr. **Schulze.** 1873. 75 Pf.
   Gültiges Recht siehe: Reichsgesetze Nr. 58.

6. Die Preuß. **Ausführungsgesetze und Verordnungen zu den Reichs-Justizgesetzen.** Von **R. Sydow.** Siehe Seite 24, Busch-Eylau, Ausführungsgesetze.

7. Allg. **Gerichtsordnung** und Preuß. **Konkursordnung.** Von **F. Vierhaus.** Vergriffen.

8. **Vormundschaftsordnung.** Von **F. Schultzenstein.**
   Gültiges Recht siehe: Reichsgesetze Nr. 47.

9. Die Preußische **Grundbuchgesetzgebung.** Von Prof. Dr. **Fischer.** Vergriffen. Siehe: Reichsgesetze Nr. 42.

10. **Einkommensteuergesetz.** Von **A. Fernow,** Geh. Ober-Finanzrat. 8. **Aufl.** 1913. 5 M.

11. **Gewerbesteuergesetz.** Von **A. Fernow,** Geh. Ober-Finanzrat. **5., vermehrte Aufl.** 1910. 3 M.

12. **Allgemeines Berggesetz.** Mit seinen Novellen und Nebengesetzen. **3. Aufl.,** bearbeitet von den Oberbergräten **Schlüter** und **Hense.** 1913. 7 M. 50 Pf.

13. **Ergänzungssteuergesetz** (Vermögenssteuergesetz). Von **A. Fernow,** Geh. Ober-Finanzrat. **4. Aufl.** 1907. 2 M. 40 Pf.

14. **Kommunalabgabengesetz.** Vom 14. Juli 1893 und Gesetz wegen Aufhebung direkter Staatssteuern. Von Dr. **F. Adickes,** Oberbürgermeister. **5. Aufl.** Bearbeitet von Stadtrat Dr. **Woell.** 1911. 2 M. 40 Pf.

15. Die **Kreisordnungen** für den Preußischen Staat. Von **O. Kolisch,** Landgerichtsrat. 1894. 4 M.

16. **Konzessionierung gewerblicher Anlagen.** Preuß. Ausführungs-Anweisung zu §§ 16 u. ff. der Gewerbe-Ordnung. Von Dr. **W. v. Rüdiger,** Geh. Regierungs- u. Gewerberat. **2. Aufl.** 1901. 2 M.

17. Preußisches **Gerichtskostengesetz.** Vom 25. Juli 1910. Mit **Kostentabellen.** Von Dr. **P. Siméon, Kammergerichtsrat. 7. Aufl.** 1913. **4 M.**

18. **Preußisches Stempelsteuergesetz** vom 30. Juni 1909. Mit sämtlichen Ausführungsbestimmungen. Von **P. Loeck**, Geh. Regierungsrat. **7. Aufl.** 8°. 1911. 7 M.

19. Das **Jagdscheingesetz**. Von **F. Kunze**, Wirklichem Geh. Ober-Regierungsrat. **2. Aufl.** 1899. 2 M.

20. Die **preußischen Erbschaftssteuergesetze**. Von **U. Hoffmann**, Rechnungsrat im Königl. preuß. Finanzministerium. 1905. 4 M.

(**Reichs**-Erbschaftssteuergesetz s. Reichsgesetze Nr. 77).

21. Gesetz **über die Handelskammern**. Von **F. Lusensky**, Geh. Regierungsrat. **2. Aufl.** 1909. 3 M.

22. Gesetz, betr. **Anstellung und Versorgung der Kommunalbeamten.** Von Dr. **W. Ledermann. 2. Auflage.** 1914. Bearbeitet von Dr. **Ludwig Brühl**. 2 M. 20 Pf.

23. **Ausführungsgesetz zum Bürgerlichen Gesetzbuche.** Von Kammergerichtsrat Dr. **P. Siméon. 3. Aufl.** 1914. 2,20 M.

24. Die **Hinterlegungsordnung** nebst Ausführungsbestimmungen. Von Regierungsrat Dr. **Georg Bartels. 2. Aufl.** 1908. 2 M.

—, Gesetz vom 21. April 1913 s. Nr. 53.

25. **Preußische Kommunalbeamtengesetzgebung.** Von Magistrats-Assessor Dr. **Fr. Kremski**, Berlin. 1901. 3 M.

26. Gesetze **über das Diensteinkommen der Lehrer und Lehrerinnen, Ruhegehalt und Fürsorge für Hinterbliebene.** Tabelle zur Berechnung der Ruhegehalts-, Witwen- und Waisenbezüge. Von Dr. **Ed. Cremer**, Beigeordneter. 1900. 2 M. 40 Pf.

27. Gesetz, betreffend die **Warenhaussteuer.** Von Geh. Ober-Finanzrat Dr. **G. Strutz.** 1900. 1 M. 20 Pf.

28. Gesetz über die **Fürsorgeerziehung Minderjähriger.** Von Landgerichtsdirektor Dr. **P. F. Aschrott. 2. umgearbeitete Aufl.** 1907. 2 M. 80 Pf.

29. Gesetz, betr. **die ärztlichen Ehrengerichte, das Umlagerecht und die Kassen der Aerztekammern.** Von Amtsgerichtsrat Dr. **F. Fidler.** 1901. 1 M. 50 Pf.

30. Das **Preußische Staatsschuldbuch** und **Reichsschuldbuch.** Von Wirkl. Geh. Ober-Finanzrat **J. Mücke.** 1902. 2 M.

31a. **Die geltenden Preußischen Gesindeordnungen.** Herausgegeben in zwei Bänden von **Stephan Gerhard,** Rechtsanwalt in Berlin.

Band I: Gesindeordnung für die altpreußischen Provinzen vom 8. Nov. 1810, bearbeitet mit ausführlichen Erläuterungen unter Berücksichtigung der Ergänzungsgesetze, der Rechtsverhältnisse der Stellenvermittler und der Reichsversicherungsordnung, sowie die Gesindeordnungen für Neuvorpommern und Rügen und für

31b. **Band II:** Gesindeordnungen für Hannover, Schleswig-Holstein, Hessen-Nassau und den Regierungsbezirk Hohenzollern. 2 M. 50 Pf.

Siehe auch Seite 25: **Ratgeber** von **Grieben.**

die **Rheinprovinz. 2. Aufl.** 1914. 3 M.

32. **Die Städteordnung für die sechs östlichen Provinzen** Preußens vom 30. Mai 1853. Von Stadtrat Dr. **Walter Ledermann** u. Magistratsrat Dr. **Ludwig Brühl. 2. Aufl.** 1913. 7 M. 50 Pf.

33. **Rentenguts- und Anerbenrechts-Gesetzgebung in Preußen.** Von Landgerichtsrat **M. Peltasohn** und Rechtsanwalt **Bruno Peltasohn.** 1903. 3 M.

34. Sammlung der wichtigsten **preußischen Strafgesetze** nebst Anhang: Gesetz betr. polizeiliche Strafverfügungen vom 23. April 1883. Von **Otto Lindemann**, Geheimen Justizrat. 1912. **2. Aufl.** 3 M. 50 Pf.

35. **Geschäftsordnung für Gerichtsvollzieher.** Von **Emil Exner.** 1904. 3 M. 50 Pf.

36. **Polizeiverordnungen in Preußen.** Von **Otto Lindemann,** Geheimen Justizrat. 1912. **2. Aufl.** 2 M. 50 Pf.

37. Gesetz über die **Enteignung von Grundeigentum** vom 11. Juni 1874. Von Oberlandesgerichtsrat **O. Meyer. 2. Aufl.** 1911. 2 M. 25 Pf.

38. **Kreis- und Provinzial-Abgabengesetz.** Vom 23. April 1906. Von **Fr. Schmidt,** Gemeindevorsteher. 1906. 1 M. 25 Pf.

39. Gesetz, betr. die **Unterhaltung der öffentl. Volksschulen.** Von Dr. **A. Marcks,** Regierungsrat. 1906. 2 M.

40. **Verwaltungsstrafverfahren** bei Zuwiderhandlungen gegen die Zollgesetze und indirekte Reichs- und Landesabgaben. Von Dr. **Richard Katzenstein.** 1907. 3 M. 60 Pf.

41. Die **preußischen Jagdpolizeigesetze.** Von **Fr. Kunze,** Wirkl. Geh. Oberregierungsrat und **R. Kühnemann,** Rechtsanwalt. **2. Aufl.** 1907. 3 M. 60 Pf.

42. Die Gesetzgebung über die **Allgemeine Landesverwaltung** und über die **Zuständigkeit der Verwaltungs- und Verwaltungsgerichtsbehörden.** Von Rechtsanwalt Dr. **Karl Friedrichs.** 1908. 3 M.

43. Gesetz betr. die **Zulassung einer Verschuldungsgrenze** für land- und forstwirtschaftlich benutzte Grundstücke. Von Dr. jur. **R. Leweck,** Syndikus. 1908. 2 M. 40 Pf.

44. **Quellenschutzgesetz** nebst den Ausführungsbestimmungen von **Carl Voelkel,** Geheimer Bergrat. 1909. 1 M.

45. **Rechtsverhältnisse der Juden in Preußen** von Dr. jur. **Max Kollenscher,** Rechtsanwalt. 1910. 2 M. 40 Pf.

46. **Austritt aus der Landeskirche** vom 14. Mai 1873. Von Gerichtsassessor **Hrch. Chr. Caro.** 1911. 2 M. 40 Pf.

47. Gesetz, betr. die **Feuerbestattung** von Amtsgerichtsrat Dr. **W. Lohmann.** 1911. 1 M. 50 Pf.

48. **Zweckverbandsgesetz für Groß Berlin** vom 19. Juli 1911 nebst Abdruck des allgemeinen Zweckverbandsgesetzes. Von Magistratsräten Dr. **Ludw. Brühl,** Dr. **Kurt Gordan** und Stadtrat Dr. **Walter Ledermann** in Berlin. 1912. 4 M.

49. **Gesetze gegen die Verunstaltung landschaftlich hervorragender Gegenden** mit Ausführungsanweisungen. Von Regierungsrat **Otto Goldschmidt.** 1912. 2 M. 50 Pf.

50. **Gesetz, betr. die Anlegung und Veränderung von Straßen und Plätzen in Städten und ländlichen Ortschaften** von Oberlandesgerichtsrat **O. Meyer.** 1912. 3 M.

51. **Das preußische Disziplinargesetz für die nichtrichterlichen Beamten** nebst dem Disziplinargesetze für die Privatdozenten. Von Regierungsrat Dr. **Eugen v. Dultzig.** Im Druck.

52. **Preußisches Wassergesetz** v. 7. April 1913 von Rechtsanwalt **Georg Wulff** und Rechtsanwalt **Ferd. Herold.** 1913. 5 M.

53. **Hinterlegungsordnung** v. 21. April 1913. Von **Hagemann,** Landrichter. 2 M. 25 Pf.

54. Gesetz, betr. die **Anlegung von Sparkassenbeständen in Inhaberpapieren** nebst Ausführungsverordnung vom 8. Mai 1913. Kommentar von Rechtsanwalt **Herbert Döhring.** 2 M.

Guttentagsche Sammlung von Textausgaben mit Sachregister ohne Anmerkungen.

Taschenformat, elegant in Leinen gebunden.

Zivilprozeßordnung mit **Gerichtsverfassungsgesetz** und **Einführungsgesetzen.** Neue Fassung. Mit der Novelle vom 22. Mai 1910. 2 M.

Konkursordnung mit **Einführungsgesetz.** 80 Pf.

Bürgerliches Gesetzbuch nebst **Einführungsgesetz.** 10. Abdruck. 2 M. 50 Pf.

Handelsgesetzbuch nebst **Einführungsgesetz** und **Seerecht.** 8. Abdruck. 1910. 1 M. 80 Pf.

Reichsversicherungsordnung von 1911 (Kranken-, Unfall-, Invaliden- u. Hinterbliebenenversicher.). 20—30 Tausend. 2 M.

Militärstrafgerichtsordnung nebst **Einführungsgesetz** u. Gesetzen, betr. Dienstvergehen der richterlichen Militärjustizbeamten und unfreiwillige Versetzung derselben usw. mit **Militär-Strafgesetzbuch.***) **2. Aufl.** 1 M. 50 Pf.

*) Ist auch einzeln zu haben. Preis 1 M.

Wechselordnung mit Anhang: **Wechselprozeß und Ausführungsanweisung.** 1908. 1 M.

Die Preußischen Ausführungsgesetze zum Bürgerlichen Gesetzbuche und Nebengesetze. 5. Aufl. 1 M. 80 Pf.

Reichsfinanzgesetze von 1909 einschließlich der **Reichsstempelgesetze** und des **Erbschaftssteuergesetzes.** 1909. 2 M.

Zuwachssteuergesetz vom 14. Februar 1911. 80 Pf. **Ausführungsbestimmungen** dazu 60 Pf.

Versicherungsgesetz für Angestellte vom 20. Dez. 1911. 1 M. 25 Pf.

Strafgesetzbuch. Mit ausführl. Sachregister. 1912. 1 M. 20 Pf.

Wehrbeitrag und Besitzsteuer. Mit ausführl. Sachregister. 1913. 1 M.

Struckmann-Koch, Zivilprozeßordnung für das Deutsche Reich nebst den auf den Zivilprozeß bezüglichen Bestimmungen des Gerichtsverfassungsgesetzes und den Einführungsgesetzen. In den neuen Fassungen mit der Novelle von 1910. Kommentar. Herausgegeben unter Mitwirkung von **R. Rasch**, Landgerichtspräsident in Altona, Dr. **P. Koll**, Senatspräsident beim Oberlandesgericht in Cöln, Dr. **Flechtheim**, Rechtsanwalt beim Oberlandesgericht in Cöln. **9., umgearbeitete Auflage.** 1910. Lex.-8°. 24 M., geb. 26 M.

Pinner, Kommentar zum Gesetz **gegen den unlauteren Wettbewerb** vom 7. Juni 1909. **2. Aufl.** Herausgegeben von Justizrat **Albert Pinner** und Rechtsanwalt Dr. **Erich Eyck.** 1910. Gr.-8°. 5 M. 50 Pf., geb. 6 M. 50 Pf.

Das preußische Warenhaussteuergesetz vom 18. Juli 1900, in Verbindung mit den anderen deutschen Warenhaussteuergesetzen. Erläutert von Dr. **J. Wernicke,** Syndikus. 1913. Preis 4 M. 50 Pf., gebunden 5 M.

Die Stempelsteuerpflicht bei Grundstücksübertragungen. Ein Hilfsbuch zur Berechnung und Einziehung des Immobiliarstempels. Zusammengestellt und bearbeitet von **J. Brachvogel,** Amtsgerichtsrat. 1912. Gr.-8°. Preis 6 M., geb. 7 M.

Patentgesetz und Gesetz, betr. den **Schutz von Gebrauchsmustern.** Von Justizrat Dr. **A. Seligsohn. 4., neubearbeitete Auflage.** 1909. Gr.-8°. 12 M., geb. in Leinen 13 M.

Die Preußischen Ausführungsgesetze, Verordnungen und ministeriellen Verfügungen zu dem Bürgerlichen Gesetzbuche und den Reichs-Justizgesetzen nebst anderen zugehörigen Gesetzen. Von **L. Busch. 2. Aufl.** von Landrichter **O. Eylau.** 8°. Preis geb. 4 M. 50 Pf.

Preußische Bürgerliche Gesetzsammlung. Sammlung der noch geltenden Landesgesetze privatrechtlichen Inhalts. Herausgegeben von den Gerichtsassessoren **D. Fischer** und Dr. **F. Schroeder.** 8°. 2 Bände Preis geb. in ganz Leinen 20 M.

Erster Band: **Das Allgemeine Landrecht mit den Einführungs-Patenten.** Preis 6 M.

Zweiter Band: **Gesetze von 1773—1902.** Preis 14 M.

Kommentar zum Stellenvermittlergesetz vom 2. Juni 1910 unter besonderer Berücksichtigung des zivilrechtlichen Gesetzesinhaltes mit den Ausführungsbestimmungen für **Preußen, Bayern, Sachsen** von **M. K. Samter,** Amtsgerichtsrat. 1912. Gr.-8°. Preis 4 M., geb. 5 M.

Die Invaliden- und Hinterbliebenenversicherung nach der **Reichsversicherungsordnung.** Eine systemat. Zusammenstellung der gesetzl. Bestimmungen von Dr. **Richard Freund,** Vorsitzendem der Landes-Versicherungsanstalt Berlin. 1911. 2 M., geb. 3 M.

Wie leitet man eine Versammlung? Geschäftlicher Handweiser für Vorsitzende. Von einem Mitgliede des deutschen Reichstages und des preußischen Abgeordnetenhauses. **2. Aufl.** 1908. kart. 1 M.

Praktischer Ratgeber für Dienstherrschaften nach dem Preuß. Gesinderecht unter Berücksichtigung der neueren Entscheidungen bearbeitet von **H. Grieben,** Verwaltungsdirektor a. D. und Bürgermeister. 1908. 1 M.

Das Recht der Handlungsgehilfen und Handlungslehrlinge. Von Rechtsanwalt **Hugo Horrwitz. 2. Aufl.** Geb. 3 M.

Die Registratur. Von **Hermann Kollrack. 2. Aufl.** 1906. 8°. **Kart.** 1 M. 40 Pf.

Die Pflichten des Waisenrates. Ein praktischer Leitfaden für Waisenräte und Verwaltungsbeamte. Von **F. Baum,** Geh. Justizrat und Vormundschaftsrichter. 8. **vermehrte und verbesserte Auflage.** 1906. 8°. 60 Pf.

Der Vormund, Gegenvormund, Pfleger und Familienrat. Nach dem Bürgerlichen Gesetzbuch, dem Reichsgesetz über die Angelegenheiten der freiwilligen Gerichtsbarkeit und dem Ausführungsgesetz zum BGB. Ein praktischer Leitfaden. Von **F. Baum,** Geh. Justizrat und Vormundschaftsrichter. 1899. 8°. 50 Pf.

Schlagwort-Register.

R. = Nummer der Sammlung Deutscher Reichsgesetze.
P. = Nummer der Sammlung Preußischer Gesetze.
S. = Seite.

Schlagwort-Register. (R. = Reichsgesetz, P. = preuß. Gesetz.)

Schlagwort-Register. (R. = Reichsgesetz, P. = preuß. Gesetz.)

Schlagwort-Register. (R. = Reichsgesetz, P. = preuß. Gesetz.)

Schlagwort-Register. (R. = Reichsgesetz, P. = preuß. Gesetz.)

 Nr. 6. IV. 1914. 32 000.

FSC
www.fsc.org
MIX
Papier | Fördert gute Waldnutzung
FSC® C083411

Kolibri 360 GmbH
Ferdinand-Jühlke-Straße 7
99095 Erfurt, Deutschland
produktsicherheit@kolibri360.de